KB208375

상자 속에서 나오라

요한복음의 선교 도전

톰 스터키 지음 ㅣ 문문찬 옮김

Beyond the Box

Mission Challenges from John's Gospel

By Tom Stuckey

Beyond the Box
Mission Challenges from John's Gospel

By Tom Stuckey

Copyright ⓒ Tom Stuckey 2005
All rights reserved.

Translation rights ⓒ 2014 KMC Press, Seoul, Korea
This translation of Beyond the Box is published by arrangement with Tom Stuckey.

이 책의 한국어판 저작권은
저자와의 계약으로 도서출판 KMC에 있습니다.
저작권법에 의해 대한민국 안에서 보호를 받는 저작물이므로
허락 없이 복사, 인용, 전재하는 것을 금합니다.

상자 속에서 나오라
요한복음의 선교 도전

초판 1쇄 2014년 1월 15일

톰 스터키 지음
문문찬 옮김

발 행 인 전용재
편 집 인 손인선

펴 낸 곳 도서출판 kmc
등록번호 제2-1607호
등록일자 1993년 9월 4일

(110-730) 서울특별시 종로구 세종대로 149 감리회관 16층
(재)기독교대한감리회 출판국
TEL. 02-399-2008 FAX. 02-399-4365
http://www.kmcmall.co.kr

인   쇄 리더스커뮤니케이션

ISBN 978-89-8430-629-5 03230

값 10,000원

이 도서의 국립중앙도서관 출판시도서목록(CIP)은 서지정보유통지원시스템 홈페이지(http://seoji.nl.go.kr)와
국가자료공동목록시스템(http://www.nl.go.kr/kolisnet)에서 이용하실 수 있습니다.(CIP제어번호: CIP2013029108)

머나먼 나라에서 살해되신

아버지 마이클을 기리며

이 책을 바칩니다.

　나는 이 책을 준비하면서 나 자신의 신학과 영적 여행의 다음 단계가 무엇인지, 즉 하나님이 나를 다시 어디로 인도하실지 물었다. 그리고 이 질문에 대한 대답은 내가 예기치 않게 영국 라프보로우(Loughborough)에서 열린 2004년 감리교대회에서 2005년부터 2006년 동안 영국 감리교 대회장으로 임명되면서 얻게 되었다. 도전의 무게가 엄청나게 나를 압도했지만 앞으로 무슨 일이 전개될지 어느 정도 감지할 수 있었다. 나는 그동안 여러 나라를 여행하면서 만나는 이들에게 선교의 중요성과 신학적 묵상, 성령의 응답을 상기시키기 위해 힘써 왔다. 이 책은 바로 이러한 분야에서 독자들을 귀하게 섬기는 역할을 할 것이라고 믿는다.

　이 책에는 여러 사람의 이름이 언급되어 있다. 어떤 경우에는 내가 그 이름들을 약간 바꾸어 실제 인물과 사건의 장소를 눈치 채지 못하도록 의도적으로 재구성했다. 그 외 다른 이름들과 사건들은 지나치게 참견하지 않는 차원에서 이 책의 주(註)에 소개했다. [랄프 워드 목사(Revd. Ralph Ward, 54쪽), 토니 몰링 목사(Revd. Tony Morling, 57쪽), 수 고울링 여사(Mrs. Sue Gowling, 76쪽), 키스 타운 목사(Revd. Keith

Town, 98쪽) 및 콘스탄스 구딩 여사.(Ms. Constance Gooding, 105쪽)]

많은 이들이 원고와 자료들을 제공해 준 덕분에 나는 이 책을 출판할 수 있게 되었다. 요한복음을 다룬 내 원고를 읽어 주시고 건설적인 논평을 아끼지 않으신 신약 학자 데이비드 캐치폴(Revd. David Catch-pole) 교수님에게 특별한 감사를 드린다. 내 컴퓨터가 제대로 돌아갈 수 있도록 도와준 일도 크게 감사하거니와 내 원고를 읽어 주시고 교회 안의 평신도들에게 더 가까이 접근할 수 있도록 도와주신 피터 맥닐(Revd. Peter McNeill) 목사님의 자상한 수고에 큰 감사를 드린다. 나는 단지 그의 제안 중 일부만을 수용했다. 이는 곧 나의 복음서 해석에 관해 다른 이들이 얼마든지 도전할 수 있는 여지를 여전히 남겨 놓은 셈이다. 초고를 읽고 조언해 주시고 성경 참조를 확인해 주신 에릭 렌오프(Revd. Eric Renouf) 목사님에게 감사의 말씀을 전한다. 감사 말씀을 전하고 싶은 또 한 사람이 있다면 바로 지난 7년 동안 내가 이 책을 집필할 수 있도록 공적 업무를 반듯하게 챙겨준 개인비서이자 연회 행정관인 매릴린 팩(Mrs. Marilyn Pack) 여사에게 돌리고 싶다! 마지막으로 내 원고가 책으로 태어날 수 있도록 기꺼이 수고해 주신 인스파이어(Inspire) 출판사와 나탈리 왓슨(Dr. Natalie K. Watson) 박사님에게 역시 심심한 감사를 표한다.

감리교회 대회장으로서 나는 이 책이 우리 교회에 도전이 되기를 분명히 기대했다. 다행히 감리교 '커넥셔널 팀'(Connexional Team)[1] 위원들이 내 도전에 지나치게 부정적인 반응을 보이지 않아 감사하다. 값으로 따질 수 없는 귀중한 일을 감당하고 있는 그들 모두에게 감사의 마음을 전한다. 특히 영국 감리교 사무총장 데이비드 딕스 목사님

---

1) 영국 감리교회를 섬기는 기관으로, 자료와 훈련 및 전문 분야를 위해 일한다. 이 팀은 해마다 감리교회 대회(Methodist Conference)를 통해 당대 필수적이며 우선적인 새로운 사명을 부여받는다. 지방교회(Local churches)와 지방회(Circuits), 연회(Districts) 차원의 훈련과 목회 자료를 제공한다(www.methodist.org.uk).(역자 주)

(Revd. David Deeks)은 내 원고를 읽고 나서 친절한 조언을 아끼지 않으셨으며 이 책의 질문을 준비하는 데 많은 도움을 주셨다. 이 책은 영국 감리교회의 공식적인 전망을 담은 요약문도 아니고, 또한 그렇게 되어 달라고 억지를 쓰는 것도 아니며, 이 책을 통해 혹은 다른 채널을 통해 표명한 내 입장에 동의해 달라고 부탁하는 것 역시 아니다. 이 책에 담긴 내용에 대한 책임은 오로지 나에게 있다. 마치 빌라도가 말한 바처럼, "내가 쓸 것을 썼다."

우리 가족 역시 특별히 언급하고 싶다. 아들 마틴(Martin, 173쪽), 며느리 브론웬(Bronwen), 두 손자 벤(Ben)과 샘(Sam) 그리고 또 다른 아들 매튜(Matthew)와 딸 조안(Joanne)에게 이 책을 바친다. 마지막으로 62쪽과 172쪽에 언급한 아내 크리스틴(Christine)에게 각별한 공로를 돌린다. 공적으로 쉬는 날인데도 한밤중에 일어나 조용히 서재로 사라지곤 했던 처음 책 집필 때처럼 이번에도 똑같은 일을 반복하는 동안 잘 참아 준 아내에게 감사할 따름이다. 지금 새삼 돌아보니, 지난 14개월 동안 자료를 수집하고 집필할 수 있었다는 것이 얼마나 감사한지 모르겠다. 특별히 아내는 나를 격려해 주었을 뿐만 아니라 자료들을 읽어 주는 일에도 귀한 시간을 투자했다. 이는 내가 집필 작업을 빨리 마칠 수 있게 한 또 다른 동기부여였다. 아내에게 약속한다. 한동안 다른 책을 쓰지 않겠다고….

한국
독자들에게

나는 2005년 성령의 도우심으로 에스겔 37장 부활의 비전을 받았다. 같은 해 역시 영국 감리교회를 대표하는 감리교회 대회장으로 부름을 받았다. 이 책은 이러한 사건들 한가운데서 태어났다. 내 생애 이러한 사건들을 헤아려 볼 때, 죽은 전통으로 갇힌 무덤을 깨뜨리고 나와 요한복음에 약속된 하나님의 풍성한 생명으로 영국의 그리스도인들을 도전하고 격려하라는 메시지로 받아들였다.

나의 도전에 영국 감리교인들은 느린 박자로 반응하고 있기는 하지만, 지구촌의 다른 감리교회는 활기찬 오순절 생명으로 받아들이면서 급속히 성장하고 있다. 아직 한국을 방문해 본 경험이 없지만, 영국의 한인 교회와 나눈 경험으로 볼 때, 한국 그리스도인들은 하나님의 약속을 붙잡는 데에 아주 열정적이라는 것을 잘 안다.

이 책을 한국 교회들을 위해 번역하자는 마이클 문(문문찬)의 제의를 받고 무척이나 기뻤다. 내가 이해하기에는, 영국 교회와 한국 교회는 문화와 상황이 서로 다를 수 있다. 하지만 내가 영국 교회를 향해 외치고자 한, 풍성한 삶으로 흠뻑 젖은 요한의 메시지는 한국 교회에도 적절할 것이라고 믿어 의심치 않는다.

이 책에서 도전하는 질문들과 나누고자 하는 이야기들이 영국의 상황에서 기록되었기 때문에 한국의 형편과 다르거나 도움이 되지 않을지도 모른다. 만일 그러하다면, 그 질문을 무시해도 좋다. 동시에 한국의 상황에 맞게 여러분의 이야기로 다시 재편하여 생각해 보는 일도 무리가 없을 것이라고 생각한다. 그럼에도, 요한이 우리에게 간절히 전하고자 했던 그 텍스트(본문)는 무시하지 않기를 바란다. 이 책을 읽는 동안, 이 책에서 소개하는 본문들을 찾아 다시 한 번 차분하게 읽어 보라. 꼼꼼하게 챙겨가며 묵상하고 토론해 보라. 기도하면서 그 본문 속으로 흠뻑 빠지도록 해 보라.

마이클 문이 이 책 번역을 마칠 무렵, 이 글을 한국 독자들에게 친히 보낼 기회를 승낙해 주어 크게 감사한다. 이 책과 함께, 한국 교회를 향한 나의 기도와 소망, 그리고 여러분과 함께 나눌 나의 믿음을 담아 보낸다.

당신의 죽은 신당들
생기 왕성한 포도나무 줄기처럼 생동하소서.
우리 사이 가로막는 담들
허물어진 그곳에서 신선한 샘물 터지게 하소서.
믿음의 뜀뛰기에 앞서
두려워하는 마음들 걷어 내어 주소서.
세상살이 고달파 부서진 이들
온전하고 새로운 삶으로 치유되게 하소서.
산통 끝에 양수가 터져
힘차게 태어나는 생명을 끌어안게 하소서.
여기에 한국을 향한
나의 기도가 있나이다.
풍성한 하나님의 축복을 비나이다.

톰 스터키 Tom Stuckey

그의 설교는 불타고 있었다. 마치 불붙은 모세의 가시덤불을 보는 듯했다. 마치 설교자 자신이 성령이라도 된 듯 연거푸 성령을 소개하고 있었다. 오늘까지도 영국에서 그런 설교를 다시 들어본 적이 없다. 은혜 철철 넘치는 한국 목사의 설교를 듣기라도 하는 듯 내 귀에 무척 익숙했다.

이 책의 저자 톰 스터키 목사를 처음으로 만난 곳은 바로 영국 케임브리지였다. 지난 100여 년 동안 케임브리지 대학가 선교에 앞장선 '웨슬리 감리교회'(Wesley Methodist Church)에서 그의 열정적인 설교를 처음으로 들을 수 있었다. 당시 나는 그가 누군지 전혀 몰랐다. 나는 호주 목회를 막 정리하고 잠시 케임브리지에 거주하면서 영국 감리교회 목회를 준비하고 있었다. 케임브리지 '웨슬리 감리교회'의 담임자인 피터 목사와 가깝게 지내던 중 그를 알게 된 것이 행운이었다. 예배를 마치고 인사를 나누었다. 대화가 통해 금세 친해졌다. 그 후 그의 강의를 듣기도 했다. 영국 감리교 목사가 되어 목회하면서, 그가 영국 교회를 위해 얼마나 귀한 메신저로 쓰임 받고 있는지 깨달으면서 내 가슴이 벅찰 정도였다. 그의 책을 읽으면서, 내게 다가온 은혜는 얼얼하여 한동안 내 가슴을 적셨다. 몸과 마음이 영국 교회 목사가 되었지만, 한국 교회를 생각하며 이 진한 도전을 함께 나누고 싶었는데, 때마침 기독교대한감리회 출판국(도서출판 kmc)과 손발이 맞아 한글판이 나오게 되었다. 진심으로 감사한다.

이 시대 지구촌 교회, 선교 혹은 전도 차원에서 위기를 만났다고들 말한다. 이 위기를 어떻게 극복할 것인가? 이 시대의 교회 쇠퇴는 한 나라에 국한된 문제가 아니다. 마치 제동장치가 풀린 채 내리막길로 달리는 자동차와도 같은 모습이다. 그러는 동안, 교회에 환멸을 느낀 성도들마저 교회를 떠나고 있다. 하지만 다시 한 번 생각해 보자. 하나님은 형식화되고 관료화된 기관으로서의 교회 틀을 부수고 계신다. 다시 새롭게 재정비하라며 채찍질하신다. 어쩌면 하나님이 의도적으로 교회더러 정신 차리라며 교회에 구멍을 뚫어 놓으신 것은 아닐까? 하여튼 완전히 새로운 게임을 펼쳐야 하는 교회 시대를 만난 것이다. 톰 스터키의 말처럼, 이제는 상자 밖으로 뛰쳐나와 전통적 목회 틀로부터 대탈출을 외칠 때이다.

문문찬 Michael Moon

차례 | C O N T E N T S

1장

대성당(大聖堂) 투어

Visiting
the
cathedral

"교회는 진짜 지루하고 짜증나는 곳이야." 나는 그 아이 말에 동의한다. 이 열세 살짜리 소녀는 내가 생각했던 것보다 더 오래 참았다. 지난 몇 달 동안 이 아이와 이 아이 친구의 교회 출석이 아주 뜸했다. 그도 그럴 것이 교회 밖의 삶에 훨씬 더 흥미로운 일이 많았으니까.

"내가 어디 다시 그 교회로 가나 봐라!" 눈코 뜰 새 없이 바쁜 직장 생활 때문에 늘 파김치가 되어 집으로 돌아오는 한 성도가 교회에서 회의를 마치고 집으로 돌아오자마자 아내에게 분노를 쏟아냈다. 마틴(Martin)은 런던에 직장이 있는데, 저녁 7시 30분에 퇴근하여 집으로 돌아와 잠깐 어린 아들과 시간을 보낸 뒤 서둘러 교회 회의에 참석했다. 그에게는 식구들과 대화를 나누거나 저녁 먹을 시간조차 없었다. 회의는 10시 45분에 끝이 났다. 목사가 회의를 제대로 진행하지 못해 갈팡질팡하는 동안 교회 꽃 당번 결정하는 데 무려 한 시간을 질질 끌었다. 마틴은 여러 아이디어를 내놓았지만, 회의는 사소한 문제에 먼저 봉착하고 말았다.

이 두 가지 이야기는 제도적 기관으로서의 교회가 심각한 문제에 직면한 모습을 보여 준다. 수그러들지 않는 그리스도인의 수적 감소는 멈출 수 없는 듯하다. 소수만이 호전될 거라고 본다. 전통적인 교회의 목회자와 지도자들은 모이면 돈 얘기로 시간을 소진하며 어떻게 하면 교회가 도산하지 않을까 고심하며 전략을 세우기에 바쁘다. 홍수로 빠르게 흘러가는 강물처럼 세상이 바쁘게 돌아가는 가운데 몇몇 선한 사람들은 어떻게 하면 저 떠내려가는 교회의 긴 의자를 하나라도 더 건질 수 있을까 궁리하느라 바쁘다. 환멸을 느낀 성도들이 떨어져 나가기도 하고, 새로 개척한 다른 교회로 옮겨가더라도 하나도 놀랄 일이 아니다. 교회를 이루는 거대한 띠 같은 성도들이 전멸되거나 다른 것으로 대치되는 게 처음 있는 일만은 아니다. 하나님은 항상 교회에 징계를 허락하시고 교회를 새롭게 개혁하려고 하신다. 하나님이 교회 구조를 다시 바꾸려고 제도적 교회 안에 구멍을 뚫고 계신다고 나는 믿는다. 변화를 거절하는 오래되고 케케묵은 교회들을 그냥 두면 더는 살아남을 수 없다는 것을 알기에 새로운 교회의 씨앗을 뿌리시려고 우리를 부르시는 것이다. 이는 결코 통째로 한꺼번에 단순히 교회 모양을 바꿀 수 있는 그런 일이 아니라 오히려 전혀 새로운 게임을 시작하라는 부름이요 신학적인 요청이다. 우리는 더는 똑같은 전례를 따라선 안 된다. 우리는 상자 밖으로 나가 살아야 한다.

상자 밖으로

우리는 어떻게 신학적이며 제도적인 상자를 부술 수 있을까? 어디에서 그 실마리를 찾을 수 있을까? 지난 교회 역사 가운데 하나님이 성령을 통해 '신선한 표현으로서의 교회'(Fresh expressions of church)[2]를 재창조하기 위해 보여 주신 대체적인 신학과 개혁을 통한 부흥 사례는 얼마든지 있다. 그럼에도 과거에 집착하다 보면 위험이 따를 수 있다. 지난날 향수에 미련을 버리지 못한 채 오늘 끌어안은 짐을 내려 놓다 보면 유혹에 발이 묶일 수 있기에, '하나님은 다시 하실 수 있다'는 믿음과 기도로 앞을 내다보아야 한다. 하지만 그 일이 결코 쉬운 것은 아니다. 우리가 믿는 바, 모든 것을 새롭게 하실 수 있는 하나님

---

2) 2005년 캔터베리 및 요크 대주교회와 감리교 의회에 의해 시작된 영국 교회의 새로운 목회 쇄신운동으로, 신선한 표현으로서의 시대적 교회 목회를 지향하는 운동이다. 변하는 세상을 위한 변화는 교회가 그 모토이다(Changing church for a changing world). 현시대 문화에 부응해 새로운 시대적 목회 비전과 실습을 목표로 하며, 저자 톰 스터키 역시 이 운동의 지도자 중 한 사람이다.(자료: http://www.freshexpressions.org.uk) 역자도 1년간 이 훈련을 이수했다.(역자 주)

은 분명히 살아계신 분이다. 하지만 우리의 당대 문화는 신학과 지난날 지혜를 무시하고 손쉽게 해결하려 한다. 이러한 처사 역시 막다른 길에 다다르게 한다. 만일 오늘날 우리가 직면한 사회 가운데 효과적으로 개입하고자 한다면 우리는 동시에 우리의 근본적인 문서들, 예를 들면 성경이나 교리서 등을 끌어안고 심각한 대화를 시도해 나가야만 한다고 나는 확신하고 있다. 이는 그동안 걸쇠로 단단히 잠가 놓은 기독교 전통에 관한 질문을 다시 제기하는 일이며, 종종 독단적인 결단으로 치우칠 위험성도 있다. 또한 여기서 나는 하나님이 어떻게 오늘날의 교회를 다시 새로운 형틀로 짜 맞출 수 있을지에 대한 많은 실마리를 요한복음이 줄 수 있다고 믿기에, 이 복음서에서 더 많은 이야기를 끌어낼 생각이다.

신약성경 학자도 아니면서 요한복음 운운하는 건 어째 좀 주제넘은 일 아닐까? 분명히 맞는 말이다! 나는 예전에 새로 지은 대형 슈퍼마켓에 들어갔다가 진열장에 놓인 온갖 식품들을 보고 너무 당황해서 어쩔 줄 몰랐던 적이 있었다. 그날 단지 값싼 차 한 봉지를 사려고 들어갔던 것인데, 그 상황에서 차 한 봉지 사자고 슈퍼마켓을 다 돌아다닐 수는 없는 일이었다. 그 분위기에 압도되어 나는 차를 포기하고 그곳을 나왔고, 집으로 돌아가는 길에 '피시 앤드 칩스'(Fish and chips)[3]를 샀다. 그 방법이 훨씬 빨랐다. 실제 많은 사람이 요한복음 관련 책을 쓴 것으로 알고 있다.[4] 하지만 전집류로 된 주해서부터 시작하여

---

[3] 영국의 가장 잘 알려져 있는 야외 주문 음식으로, 감자튀김과 기름에 튀긴 생선이 어우러진 간편한 음식이다(자료: Wikipedia). (역자 주)

[4] 일부 소량의 서론 및 소고 자료들을 보려면, Kenneth Grayston, *The Gospel of John*, Peterborough: Epworth Press, 1998. Raymond Brown, *The Community of the Beloved Disciple, The Life, Loves, and Hates of an Individual Church in New Testament Times*, New York: Paulist Press, 1979. David Catchpole, *Resurrection People: Studies in the Resurrection Narratives of the Gospels*, London: Darton, Longman & Todd, 2000, 136~186쪽을 보라. 일부 큰 분량의 자료들을 보려면, Raymond Brown, *The Gospel according to John*, New York: Paulist Press, 1966. John Ashton, *Understanding the Fourth Gospel*, Oxford: Clarendon, 1993을 보라.

신학 서적, 강해서, 묵상집에 이르기까지 주로 교회 일반성도들이 쉽게 접할 수 없는 책들이 아닌가. 나는 이런 책을 '패스트푸드 버전'(A fast food version)으로 내놓으려고 한다. 다시 말해, 바쁜 사람들이 손쉽게 먹거리를 구할 수 있는 편의점 음식 같은 그러한 입맛에 맞추려 한다.

요한과 함께 마치 소풍을 가는 심정으로 이 책을 읽되, 이 안에는 문제점도 있고 제한사항도 들어 있으니 '학적인 유해성 건강 경고'(A scholarly health warning)를 미리 명시하는 바이다. 나는 이전에 쓴 책 「머나먼 나라로」(Into the Far Country)에서는 마태복음 28장 18~20절의 '선교 대위임'(great commission)을 재해석하는 차원에서 전통적인 신학 방법을 적용했다.[5] 비서구의 신학적 자료와 경험을 토대로 서구 및 영국의 교회들을 위한 새로운 도전을 시도했다. 나의 이전 책 독자 중에서는 새로운 아이디어와 자료들을 재편집하여 좀 더 쉽게 발전시켜 달라는 요청을 하기도 했다. 그래서 이번에는 실제적인 이야기와 그 사례를 제시하면서 그러한 통찰력을 우리가 직면한 오늘의 상황에 어떻게 연관 지을 수 있을지 고민해 보고자 한다.

마가는 그의 복음서를 세례 요한과 함께 시작한다. 반면 마태는 아브라함과 함께, 그리고 누가는 아담과 함께 시작한다. 하지만 요한은 이들보다 훨씬 더 까마득한 시간과 공간을 여행하면서 복음서를 시작한다. 요한은 교회의 역사를 상자 밖에서(Beyond the box) 시작한다. 그러므로 나는 여러분을 초청하여 함께 요한을 만나면서 동시에 요한을 넘어 탐험 여행을 하려고 한다. 우리는 매 장을 시작하면서 21세기 현장인 오늘 여기에 일어나는 일들과 함께 복음서 안으로 거슬러 올라갈 것이다. 이곳에서 오늘 우리가 직면한 세계와 요한의 세계 사이

---

5) Tom Stuckey, *Into the Far Country, A Theology of Mission for an Age of Violence*, Peterborough: Epworth Press, 2003을 보라.

에 어떤 연결고리를 시도하는 동안 신학자를 만나 조언을 받을 것이다. 그러고는 최종적으로 지금 우리가 처한 현장으로 다시 돌아오는 긴긴 탐험을 시도하려 한다.

웅장한 대성당

나는 가끔 윈체스터 대성당(Winchester Cathedral)에서 예배를 드린다. 그 훌륭한 대성당 건물 안에는 시공을 초월하듯 영감을 불러일으키는 많은 것들이 있다. 이 고풍스런 윈체스터 대성당 건축 양식은 노르만 양식으로 십자형 좌우 날개를 지닌 소위 '노르만 트랜셉트'(Norman transepts) 건축 양식과 고딕 양식의 회중석(Gothic nave)으로 어우러진 하나의 '패치워크'(Patchwork, 자수) 건축물이다. 혹자는 이 대성당의 아름다움을 묵상하면서 이름을 다 거론할 수 없는 수많은 건축가와 그들의 독창성, 석공들, 조각가들과 인부들을 통해 지난 긴긴 세월 동안 점진적으로 진화해 온 건축역사를 추적하려 한다. 마찬가지로 요한복음 역시 이러한 대성당 건축역사에 비교할 수 있는 기념비적인 문서다. 요한복음은 신약성경 가운데 가장 당혹하게 만드는 책 중 하나이면서도 가장 심오한 책 중 하나다. 후기 건축 디자인이 초기 대성당에 추가되어 웅장한 건축미를 자랑하는 윈체스터 대성당처럼, 어떤 학자들은 그 완성과정을 살펴보면 요한복음도 마찬가지로 두 차례에 걸친 역사적 건축 무대를 통해 완성되었다고 주장한다. 또한 학자들은 초기 복음서 자료는 비교적 짧은 분량이었으며, 새롭고 분량이 많은 두 번째 자료가 그 처음 내용 위에 덧입혀져서 결국 오늘날 우리 손에 주어진, 지금의 완성된 복음서가 되었다고 주장한다. 이는 마치 지층의 단층 상태와도 같다고 할까, 각가지 색다른 자료들이 시대를 거쳐 요한복음 내에 포함되어 있는 것이 이러한 주장의 단서라고 학자들은 말한다.

네 가지 복음서들은 마치 네 곳에 세워진 각자 다르고 특이한 대성당들로 볼 수 있다. 모두 다 그들 특유의 건축 구조와 개성, 스타일을 보여 주면서 하나님의 영광과 그리스도의 복음을 드러낸다. 하지만 대성당의 영광스러운 석조 건축 속에 나사렛 예수님의 인성은 쉽게 찾을 수 없다. 복음서들 안에서도 마찬가지다. 복음서들은 그 시작부터 우리에게 그리스도를 소개하기 위해, 초대교회의 전파 목적을 위한 믿음으로 기록된 의도적인 문서로 이해해야 한다. 이 복음서들을 '예수의 삶'(The life of Jesus)을 다루는 단순한 전기 그 이상 자료로 이해해야 한다는 말이다(만일 그러하다면 한 권으로도 넉넉할 것이다.). 할리우드 영화사는 여전히 그들 특유의 상업적 실잣기를 첨가하여 예수의 일대기를 재편집한 후 제작하려 하지만, 대부분 신약학자들 눈에는 그런 식의 복음서 묘사가 만족스러울 리가 없다. 우리가 찾는 예수님은 기록된 문서 안에 갇힌 분이 아니다. 심지어 역사적인 교회가 짐작할 수 있는 프레젠테이션 차원, 그 베일 뒤에 감추어진 일종의 불가사의한 모습을 지니고 있기 때문에 예수님의 참모습을 이해하기란 그리 쉬운 것이 아니다. 게다가 요한복음 저자는 예수님의 역사적 삶의 토막이야기에 얽힌 충분한 배경그림에 초점을 맞추지 않는다.

더욱 더 우리를 당황하게 하는 것은 다른 데 있다. 여느 세 복음서에는 충분히 혹은 전혀 소개하지도 않는 사건들을 요한복음에서는 기록된 대화 형식의 긴 분량으로 소개하고 있다. 예를 들면, 예수님과 관련된 니고데모와 우물가 여인 이야기, 바리새인들, 다락방 제자들과 빌라도 총독에 얽힌 이야기 등, 마치 다른 저자들은 잘 알지도 못하는 이야기들을 더 많이 알고 있는 것처럼 소개한다. 이런 차원에서 볼 때, 분명히 요한복음은 다른 어느 복음서들보다 이해하기 더욱 더

곤혹스러운 모습을 다분히 포함한다.

　여기서 나는 마치 대성당 투어 안내처럼 요한복음을 여러분에게 소개하고자 한다. 여러분을 데리고 대성당 안으로 들어가면서 이 이야기의 복잡성을 염두에 두라고 부탁하고 싶으며, 동시에 난해한 본문들과 장면을 만날지라도 결코 정신이 산만해지지 않기를 바란다. 여행 내내 여러분에게 간간이 정보를 제공해 주겠지만, 솔직히 여러분 곁에 바짝 달라붙어 일일이 설명하는 밀착 여행가이드는 되지 않을 것이다. 솔직히 나는 그러한 권한을 넘겨받은 바가 없으므로 그런 중대한 일에 월권하고 싶은 생각은 없다. 다만 내가 간절히 바라는 바는, 여러분 스스로 가는 곳마다 그곳의 영광을 알아채고 신비를 느끼며, 또한 이러한 경험을 통해 끝내 스스로 변모(變貌)되기를 바랄 뿐이다. 다른 무엇보다 간절히 바라는 것은 바로 여러분 스스로 살아계신 하나님을 만나 뵈는 것이다. 만일 이런 일이 일어난다면, 여러분의 염원인 전도의 목표는 이루어질 것이며, 교회는 달라지고 성장하게 될 것이다. 무엇보다 더욱 중요한 것은 바로 하나님에 관한 여러분의 깨달음이 더욱 더 성장하게 된다는 사실이다. 모쪼록 한때 의심의 사도였던 도마가 그의 남은 생애를 송두리째 미련 없이 바치게 한 "나의 주님, 나의 하나님!"(요 20:28)이란 그 고백이 여러분의 영혼 깊숙한 곳에서도 거품처럼 일어나기를 바란다.

　이제 우리는 요한복음 바깥에 서 있다. 하나님을 증언하는 복음서의 전망이 한눈에 들어오는 아주 좋은 위치에 서 있다고 상상해 보라. 영국에서 가장 높은 첨탑을 자랑하는 솔즈베리 대성당(Salisbury Cathedral)을 바라보고 있노라면 그 높은 첨탑이 마치 어딘가 멀리 다른 곳을 가리키고 있는 듯한 인상을 받는다. 웰스 대성당(Wells Cathedral)의 서쪽 입구에 서 있으면, 마치 살아 있는 것 같은 역대 감독들과 성자들, 사도들의 조각상들이 영원하신 아버지께서 계신 드높은 곳으로 우리를 인도하는 듯한 영감을 받는다.

이 웅장한 대성당들이 주는 첫인상처럼, 요한복음 역시 그 서문에서 이와 비슷한 영원성의 관점을 제공하면서(1:1~18) "와 보라"(1:39) 손짓하며 우리를 초대하는 듯하다. 회중석이 자리한 통로 안으로 서둘러 들어가기 전 입구에 서서 잠시 멈추라고 부탁하고 싶다. 우리는 그 앞에 잠시 서 있으면서 세례 요한을 생각하며(1:23~34), 물이 변하여 포도주가 된 혼인 잔치(2:1~11)와 우물가 여인(4:7~15)과 중풍병자와 신비스런 베데스다 연못을 떠올릴 수 있다(5:1~9). 회중석에는 마치 드라마를 고조시키며 우리의 기대를 높이게 하는 웅장한 여섯 개의 아치들(Arches)이 입구로부터 제단까지 연결되어 있다. 요한을 지칭하는 이 '아치들' 혹은 '이적들'(Signs)은 사람들을 깜짝 놀라게 하는 예수님의 행동(Actions)으로 우리가 토론과 논쟁을 벌이도록 하는 것들이다.[6] 이 대성당 안에 들어서면 '위대한 자존자(自存者)'(The great I AM)로서 말씀하시는 예수 그리스도의 위대한 선언을 우리는 기억한다.[7] 우리는 이제 좀 더 안으로 들어가 제단 바로 옆자리 찬양대가 자리하는 '성단소'(The chancel)라 불리는 곳에 들어선다. 이제 정결하게 씻음받고 준비된 우리에게 새로운 친밀함이 기다리고 있다(13:1~17). 이 성스러운 제단에 들어와 심령의 문을 열면 우리 주님의 간절한 대제사장적 기도 소리를 들을 수 있다(14~17장). 우리는 이제 더는 '참견인'(Observers)이 아니라 수난과 부활의 이야기에 하나가 되어 그분의 영광 속에 함께하는 '참가자'(Participants)가 된다.(18~21장)

지금은 대성당을 떠나야 할 시간이지만 그 이전 제단 좌우에 대칭으로 위치한 '레이디 채플'(Lady chapel)이라 불리는 '성모 예배처'를 방문하고자 한다. 우리가 모두 인정하는 바처럼, 요한복음에는 '여성의

---

6) 이러한 여섯 부문은 다음 본문들에 기초했다.(2:1~11, 5:1~9, 6:1~14, 7:6~14, 9:1~7, 11:1~44)
7) 4:26; 6:35; 8:12; 10:7, 14; 11:25; 14:6; 15:1; 18:5.

존재'(The female presence)가 상당히 두드러지게 나타난다. 옆 통로를 통해 다시 출구로 나오는 동안 지난날 선한 업적을 이룬 위인들과 성도들의 무덤들이 벽과 통로에 즐비하게 안치된 모습을 본다. 이 성자의 무덤들은 마치 우리 인간의 원대한 부활을 증언하고 영혼 불멸을 상기시키는 증인들로서 우리 앞에 다가온다. 완전히 대성당을 나서기 전 잠시 멈추어 서서 회중석으로 다시 한 번 눈길을 돌려 보자. 마치 날이 선 칼날처럼 예리한 빛줄기들이 홍수처럼 밀려와 대성당 안에 둥지를 튼 어둠을 물리치고 있는 그 장관을 어찌 놓칠 수 있으랴! 우뚝 선 대성당의 돌기둥들, 마치 하늘을 찌르는 장대한 키를 뽐내는 태곳적 아름드리나무들을 연상케 한다. 스테인드글라스 창 위로 돌에 새긴 고딕 양식의 '트레이서리'(The Gothic tracery) 장식 무늬들이 천장을 어루만지고 있다. 이 모두가 함께 어우러져 마치 깊은 원시림에 와 있는 듯한 착각을 자아내게 하지 않는가. 지금 이 시간, 우리는 대성당 안에 잠시 갇혀 있는 모습인 듯하나, 하나님의 선하신 푸른 대자연의 창조를 떠나 살 수 없는 인간임을 여전히 깨우쳐 주고 있지 않은가.

예수께서 사랑하신 제자

어떻게 보면 신약성경 문서들은 편집 면에서 볼 때 서로 순서가 바뀌어 앞뒤가 맞지 않는 것처럼 보이기 때문에 학자들은 자료와 장소 기원에 근거하여 계속 논쟁을 시도한다. 나는 요한복음이 에베소에서 집필되었다고 보고 싶다. 물론 예를 들면 안디옥이나 시리아, 혹은 애굽의 알렉산드리아, 갈릴리 동부에 있는 골란 고지(The Golan Heights) 등으로 그 대체적인 주장도 가능하다. 그런데 요한복음을 기록한 장소를 추적하는 것보다 더 짜 맞추기 복잡한 퍼즐은 다름 아닌 복음서의 실제 기록에 얽힌 의문점에 있다.

이 복음서에는 거의 불가사의하게 거론되는 사실이 하나 있는데, '예수께서 사랑하신 제자'라는 바로 그 명칭이다.[8] 우리는 그의 이름을 알지 못한다. 물론 그 이름을 두고 수많은 추측을 하고 있다. 전통적인 해답으로 제자 요한을 지칭하는 것이 대세이기는 하지만 서장에서 등장하는 시몬 베드로의 형제 안드레와 동행한 어느 무명 인사를 거론하기도 한다(1:40). '예수께서 사랑하신 제자'로 불린 그는 또한 예수님의 십자가 바로 발밑에서 예수님의 어머니 마리아와 함께 서 있다가 얼마 후 예수님의 부탁으로 예수님의 어머니 마리아의 양자요 보호자가 된다.

또 다른 후보자를 말하자면 나사로를 들 수 있다. 그 이유는 복음서 안에 등장하는 모든 남자 중 그만 유별나게 그의 자매들인 마리아와 마르다와 함께 예수님의 사랑을 독차지할 정도로 총애를 받은 자이기 때문이다. 특히 그의 자매 마리아는 예수님에게 진심 어린 사랑을 표현한 여인이기도 하다(예수님 측근, 굳이 '사랑'이라는 말로 한 사람을 지명하자면, 아마 이 가정을 무시할 순 없기 때문이다.). 다른 가능성이 또 하나 존재하는데, '대제사장과 잘 통하는 인물'로 문밖에 서서 기다리던 제자 베드로를 대제사장의 집 안으로 불러들인 비밀스러운 한 제자 역시 그 후보에 올라간다(18:15). 또 한 명의 도전자는 바로 나다나엘이다. 그는 믿음의 조상 야곱처럼 '참 이스라엘인'으로 인정받은 자다. 예수님을 하나님의 아들이라고 고백할 뿐만 아니라 이스라엘의 왕으로 받아들인 인물이다(1:47~51). 더 나아가 요한복음에서는 아주 친숙한 곳인 갈릴리 가나 출신이다.

이 '사랑받은 제자'에 얽힌 그 진짜 인물이 누구든지 간에, 그는 분

<hr>

8) 13:23; 19:26; 20:2; 21:7, 22~24.

명 에베소교회 안에서 권위와 영향력을 행사한 인물이다. 예수님의 말씀과 이야기에 관한 자료를 많이 간직한 인물이다. 인간관계 차원에서 볼 때 처음 부름을 받은 제자들과 함께 지냈으며 예수님의 삶에 얽힌 주요 사건들을 직접 목격한 증인이기도 하다. 에베소에서는 젊은 그리스도인들이 그의 설교에 큰 감명을 받았으며, 그의 지혜에 의지했다. 그는 장수하여 새로운 그리스도인 세대들에게도 존경을 받은 인물로 알려져 있다. 끝내 이 연로한 제자가 100세에 생을 마감할 무렵, 그동안 예수님 곁에서 꼼꼼히 모으고 수집한 예수님과 관련된 실화와 말씀과 전통 등 그 자료 분량이 너무나 방대하여 다 기록할 수조차 없었다. 그리하여 그 생애를 마치기 전 고민하는 그 모습을 이 복음서 마지막에 여실히 드러내고 있다. "예수께서 행하신 일이 이 외에도 많으니 만일 낱낱이 기록된다면 이 세상이라도 이 기록된 책을 두기에 부족할 줄 아노라."(21:25)

심지어 이 '사랑받은 제자'는 예수님이 구름 가운데 다시 이 땅을 찾아오실 그때까지도 여전히 죽지 않고 살아남아 있을 것이라는 루머조차 생겨날 정도로 신비에 싸인 인물이었다(21:23). 그러므로 그의 죽음은 분명 당시 교회에 엄청난 충격이었다. 그렇다면 요한복음은 이러한 당대의 슬픔과 충격 그리고 이 제자에게 보상을 돌리기 위해 비롯된 창조물 혹은 기념물로 말할 수 있는가? 당시 에베소의 많은 성도들은 이미 마태복음, 마가복음, 누가복음에 친숙해 있었을 터인데 또 다른 대 작업을 시도해야 할 만큼 이 일이 절실했단 말인가. 우리는 이 대 작업을 하기 위해 자료를 수집하고, 모은 자료들을 다시 샅샅이 살펴 체로 걸러낸 후, 여러 차례에 걸친 재편집 끝에 오늘 우리 손에 넣은 이 요한복음이 있기까지 땀 흘린 편집인들이나 저자들의 이름을 누구라고 분명히 밝힐 수가 없다. 이런 애매한 이유 때문에 나는 지금부터 이 책에서 편의상 요한복음을 재창조한 이들을 한 사람이 아닌

'저자들'(The writers)이라고 지칭하겠다. 아무리 생각해 봐도 내게 이 복음서는, 하나님께 쓰임 받은 이름 모를 수많은 창의적인 사람들의 손끝에서 끝내 완성된 대성당의 대 과업과 매우 흡사하다.

비전과 현실

이런 대 작업이 에베소에서 일어나고 있는 동안 다른 신약 교회들은 그들을 위한 교회 체계와 목회 패턴, 믿음의 고백서, 그리고 세례와 성만찬 성례를 기념하며 행하고 있었다. 사도 바울을 포함한 베드로와 열두 제자들은 당대 교회 안에서 지배적인 인물로 교회의 보물처럼 기억되고 있었다. 이러한 기억들을 모으고, 또 바로 사도행전을 통해 이를 기록하고 보전하여 이상화시킨 셈이다.

요한복음의 저자들 역시 이 같은 편집 발전 체계를 잘 알고 있었기에, 사도들 시대 이전 그리스도인 공동체를 상기시키면서 대안적인 복음서를 기록할 채비를 한 것이다. 그들의 다음 복음서 집필 목표는 오로지 예수 그리스도 그분께 뿌리를 두고 시작하는 데에 뜻을 모았다. 좀 투박하게 말하자면, 그들은 대성당보다 '하우스 그룹'(House group, 가정예배 모임)을 선호하였다. 거기엔 특별한 사도 직책이나 구차한 교회 질서 등을 피하고자 한 의도처럼 요한복음 속 교회에서는 그런 조직이나 제도에 대한 언급은 찾을 수 없다. 여기에선 오로지 모든 그리스도인이 예수 그리스도의 신봉자들이요 제자들이라고 말한다. 분명히 많은 교회 가운데 특별히 높은 지위를 받은 베드로도 여기서는 정승 자리에서 그의 품계가 훨씬 강등(降等)된 셈이다. 오백여 명 제자들이 부활을 목격한 증인들이며 베드로 역시 처음부터 예수님을 따른 많은 남녀 영웅 중의 한 명일뿐이다. 저자들은 빠르게 성장하는 사도들의 교회보다는 예수님이 승천하시고 나서 예루살렘에서 모인 교회, 시간을 더 거슬러 올라간 초기의 그리스도인 공동체를 이상적인 믿음의 공동체로 보았다. 그런 이유로 보통 사람들의 모임, 다시 말해 베드로, 요한, 안드레, 도마, 나다나엘(바돌로매), 마태, 알패오의 아들 야고보, 셀롯인 시몬, 야고보의 아들 유다, 여인들(아마 글로바의 아내 마리아, 막달라 마리아, 마르다, 예수님의 어머니 마리아), 그리고 그녀의 아들인 야고보와 그 외 150여 명에 초점을 둔 것이다(행 1:13~15). 복음서 저자들이 친숙하면서도 어떤 한 종파와 같은 교회를 제안할 때, 결국 대성당과 같은 복음서를 건축하는 것으로 끝나는 모순이 있다. 교회 차원의 삶이란 결코 쉽게 앞을 내다볼 수 없다. 한 예로, 에베소의 교회는 파당과 이단 때문에 분열 위기에 놓이기도 했다. 바울은 이미 이런 일을 예측했다.

여러분은 자기를 위하여 또는 온 양 떼를 위하여 삼가라 성령이 그들 가운데 여러분을 감독자로 삼고 하나님이 자기 피로 사신 교회를 보살피게 하셨느니라 내가 떠난 후에 사나운 이리가 여러분에게 들어와서 그 양 떼를 아끼지 아니하며 또한 여러분 중에서도 제자들을 끌어 자기를 따르게 하려고 어그러진 말을 하는 사람들이 일어날 줄을 내가 아노라 그러므로 여러분이 일깨어 내가 삼 년이나 밤낮 쉬지 않고 눈물로 각 사람을 훈계하던 것을 기억하라(행 20:28~31)

여기서 언급한 이리들은 당시 저자들이 '선한 목자'에 관한 가르침을 준비하고 있을 무렵 그들 주변에서 분명히 서성거리고 있었다 (10:1~17). 우리는 신약성경에서 요한에게 저작권을 돌리고 있는 세 서신들 속에서 이미 이러한 문제가 불거진 상황을 엿볼 수 있다. 한때 '사랑받은 제자' 곁에서 함께 앉아 복음서 집필에 종사했던 이들처럼, 이미 그들은 다른 알려진 저자들에 의해 펜을 들었다고 틀린 셈 치고 추측해 본다. 이 이야기는 여기서 끝나는 게 아니다. 이들 중 '그들 형제와 동료 중 한 사람' 역시 밧모섬 감옥에서 팸플릿을 기록했다는 사실이다(계 1:9). 그 당시 아시아에 있는 교회들은 잔인한 핍박을 받고 있었다. 이러한 환상은 성령의 영감으로 그들에게 허락되었고, 하나님의 영원한 섭리의 시간의 틀 안에서 당대 일어나고 있는 사건들을 바라보면서 그들이 다가올 미래를 대비하여 더욱 더 강한 그리스도인의 용기를 갖도록 부추기는 계기가 되었다. 요한의 서장에서 보는 바처럼 그들 역시 처음부터 계시고 마지막까지 함께하실 그리스도를 기억하게 되었다. 그럼에도 에베소교회의 영적인 건강은 여전히 의심쩍은 면이 남아 있다.

> 내가 네 행위와 수고와 네 인내를 알고 또 악한 자들을 용납하지 아니한 것과 자칭 사도라 하되 아닌 자들을 시험하여 그의 거짓된 것을 네가 드러낸 것과 또 네가 참고 내 이름을 위하여 견디고 게으르지 아니한 것을 아노라 그러나 너를 책망할 것이 있나니 너의 처음 사랑을 버렸느니라 그러므로 어디서 떨어졌는지를 생각하고 회개하여 처음 행위를 가지라 만일 그리하지 아니하고 회개하지 아니하면 내가 네게 가서 네 촛대를 그 자리에서 옮기리라(계 2:2~5)

이러한 문제에도, 그리스도인들이 아버지의 영광과 함께 물밀 듯이 로마제국으로 들어가면서 교회들은 빠른 속도로 성장하고 있었다. 복음이 급속도로 헬레니즘(그리스/로마) 문화를 관통하는 교차로에 직면하자 신학적이며 윤리적인 중대한 물음이 생겼다. 교회가 모든 위험을 무릅쓰고 우세한 문화를 고집하면서 과감하게 전쟁을 치러야 하는가, 아니면 현지 문화의 일부를 수용해야 하는가? 만일 후자를 선택해야 한다면, 어느 정도 문화를 수용하며 흡수해야 하는가? 이러한 물음은 이처럼 예전에도 교회에 있었던 것이다. 하지만 그 당시 상황이 지금 우리가 처한 상황보다 더하다고는 결코 말할 수 없을 것이다. 오늘날 서구 그리스도인들은 소비주의 문화와 근본주의, 공동의 선 개념까지도 말살시키면서 걷잡을 수 없이 만연한 개인주의 포화상태 속에 흠뻑 젖어 살고 있다.

이렇게 힘 있는 영향력으로 왜곡되어 버린 우리의 복음 이해는 도대체 얼마만큼 그 영역을 내어 준 상태일까? 서구의 기독교가 다른 나라에 선교사를 보냈을 때, 선교를 받아들이는 현지인들은 서구 문화와 그들 현지 문화 사이의 문화적 장애를 안은 채 문화 소통의 씨름을 하면서 선교를 강요당했다. 하지만 이 시대의 선교 이야기는 그때와는 전혀 딴판이다. 지금의 교회가 오히려 소외된 자들이요 마치 이방인 집단처럼 부적절한 기관으로 비추어지는 상황이 되었다. 이러한 차원에서 기독교 선교는 이제 저 멀리 존재하는 과업이 아니라 바로 우리 집 문턱 앞으로 가까이 다가온 셈이다. 좀 더 심하게 말해, 이 시대의 교회는 일종의 '게토'(Ghetto), 즉 특정한 부류의 사람들 집단으로 규정되어 모여 사는 기관으로 인식되고 있다. 나는 종종 이 시대 우리의 문화가 우리 할아버지 할머니 세대가 살았던 그 당시 교회 시대보다 1세기와 2세기 문화 시대의 형편과 더욱 흡사한 점이 많다고 생각하곤 한다.

선교와 대위임

선교란 운동을 의미한다. 부활하신 예수님은 "아버지께서 나를 보내신 것처럼 나는 너희를 보낸다."고 말씀하신다(20:21). 요한복음에 단단히 박혀 있는 못처럼 확고한 선교 위임은 우리더러 상자 밖으로 나가라며 복음서 전역에서 부추긴다. 이러한 위임 중 어떤 것은 예수님의 명령과 직접 관련되어 있고, 다른 것들은 그분의 활동으로 함축되어 있거나, 혹은 저자들이 덧붙인 것들도 있다. 이러한 위임은 각 장의 앞부분마다 특이한 도전으로 나타날 것이다. 그러므로 묵상과 활동을 위한 질문들은 기도와 함께 꼼꼼히 살펴보기를 바라며, 이것은 장마다 그 마지막을 장식하게 될 것이다.

- 당신의 교회가 더욱 더 유연성을 유지하고, 열려 있으며, 하나님의 미래에 대비해 물처럼 응답하여 하나님의 성령께서 다시 새롭게 설정할 수 있도록 허락해야 한다.
- 당신은 다시 거듭나서 개인적으로 새로워지고 능력을 덧입도록 하나님의 성령을 받아들여야 한다. 그래서 더욱 활동적이며 예수 그리스도의 순종하는 제자로 달라져야 한다.
- 하나님은 우리가 연합 안에서 다양성을 축하하고 실습하기를 원하신다. 그러므로 당신이 개별적인 당신의 교회를 넘어 다른 교회들과 혹은 당신과 함께 일하기를 원하는 다른 어떤 이들과도 뜻을 같이하여 동반자 정신을 실습하며 선교 사역에 헌신하기를 원하신다.
- 어떤 이들은 모임 속에서 무언가를 제어하고 싶어 하고, 또 어떤 이들은 다른 이들과 공모하여 무언가를 힘으로 이루려고 한다. 오래 유지해 온 권력구조는 무너뜨리고 열어 놓을 수 있도록 재설정하여 고무적인 사람들 간에 더 나은 창조적인 관계를 추구해야 한다. 권력을 잃고 가장자리로 내몰린 이들이 이바지할 수 있는 일을 염두에 두어 그들을 위해 특정한 관심을 늘 베풀어야 한다.
- 당신은 더 큰 사회 정의의 문제에 열정적이어야 한다. 교회는 안일을 추구하는 클럽이 아니라 예언자적이며 초 문화 공동체적인 기관으로 부름을 받았다.
- 제자 정신은 값을 치러야 하는 헌신을 요구한다. 당신은 기도하면서

순종해야 한다. 예수 그리스도께 당신의 사랑과 헌신을 표현하는 길은 다른 어느 길에서도 만날 수 없다.

· 당신과 당신의 교회는 더욱 깊고 의미 있는 이슈들을 끌어안고 씨름 하면서 소외된 자들과 함께 하나님에 관한 대화의 장을 열어, 그들 역시 그리스도의 제자들이 될 수 있도록 안일주의 자리(Comfort zone)로부터 이동해야 한다.

· 당신은 늘 하나님께 열린 상태를 유지하되 그분과 함께 움직여야 한 다. 상자 너머 풍성한 삶이 기다린다는 사실을 잊어서는 안 된다.

잠깐 방문하다

당신은 요한의 대성당을 어떤 식으로 방문하고 싶은가? 정치 후보 자들처럼 잠깐 여기저기 얼굴만 내밀고 악수하고 떠나는 그런 식의 소위 '휘슬 스톱 투어'(A whistle-stop tour; 한국식 '빨리빨리 여행')를 원 하는가? 미리 설정된 계획에 따라 안내자를 따라다니며 여행하다가 당신의 관심을 불러일으키는 놓쳐 버린 그 무엇으로 다시 돌아가 간 간이 보충설명을 들을 수 있는, 그런 꼼꼼한 투어를 원하는가? 안내자 와 함께 단체 투어가 끝나고 출구에 서서 잠시 급한 숨을 고른 다음 서 둘러 대성당 카페를 찾아 차 한 잔에 크림빵을 거머쥐고 만족해하는 그런 투어를 원하는가?

요한복음 안으로 들어가면서 나는 이 책이 당신의 안내책자가 될 수 있었으면 좋겠다. 하지만 당신의 진정한 안내자는 성령이심을 잊 지 말라. 성령께서는 당신을 대성당 두루두루 인도하실 것이며, 그곳 의 웅장한 광경을 볼 수 있도록 당신의 눈을 열어 주실 것이다. 나는 투어 도중 당신이 발길을 멈추고 무언가 뚫어지게 응시하는 그런 모습을 기대한다. 때로는 의자에 앉아 요한이 기록한 대성당의 영광에 흠뻑 취해 당신의 영혼 깊숙이 그 영광이 뚝뚝 떨어지는 그런 모습을 기대한다. 나는 당신이 살아 계신 하나님의 비밀스러운 현존을 느낄 뿐만 아니라, 당신을 초대하시는 '위대한 자존자'(The great I AM)를 경배하고 흠모하게 되기를 간절히 바란다. 만일 이런 일들이 투어 중에 일어난다면 아마 당신은 자신이 들어온 출구가 어딘지도 몰라 대성당 안에서 실종될 수도 있을 것이다. 더 나아가 대성당을 빠져 나와 밖에 서 있는 순간에도 대성당의 감동이 계속 당신 안에 맴돌 것이며, 앞으로 당신의 삶 속에 오랜 여운으로 생생하게 남아 있게 될 것이다. 그리하여 이후로 당신의 미래를 한 발 두 발 내디딜 때마다 그 성스러운 터치는 당신을 떠나지 않을 것이다. 심지어 당신이 하루하루 발을 내딛는 하찮은 곳이라 할지라도 그곳은 성스러운 땅이 될 것이다.

질문

1. 다음과 같은 질문들을 혼자 다루고 싶은가? 아니면 그룹별로 다루고 싶은가?

2. 요한복음을 읽되 마치 팸플릿을 읽듯 처음부터 끝까지 통째로 읽을 수 있는 시간을 가져라. 가능하면 이해하기 쉬운 새로운 성경을 선택하라. 이 책에서 언급한 영문성경은 NIV 버전이다. RSV 버전도 좋다. 좀 더 이해하기 쉽게 번역한 영문성경은 더 메시지(The Message) 버전이다.

3. 당대 교회는 큰 문제에 봉착했다. 당신은 이러한 상황에서 하나님이 오늘의 교회를 향해 (혹은 우리에게) 무어라 말씀하신다고 생각하는가? 이 장에 실려 있는 '선교 대위임'에 관해 당신은 초기 대응으로 어떻게 할 생각인가?

기도

아버지 하나님,
신선한 기대를 안고 요한복음을 읽을 수 있도록 나를 도우소서.
숨겨진 비밀을 발견할 수 있도록 분명한 의지를 나에게 허락하소서.
당신의 성령께서 오로지 나의 안내자가 되시며,
예수님이 나의 길이 되게 하소서.
'당신이 사랑하신 제자'가 곧 나의 영감이 되게 하시며,
당신의 진리와 삶 앞에서 나의 마음과 영혼을 열 수 있게 도우소서.
아멘.

2장

신당(神堂)과 포도나무 덩굴

Shrines
and
vines

더욱 유연하고 열린 모습으로, 마치 액체 같이 하나님의 미래에 응답할 수 있도록, 당신의 지난날의 틀에 박힌 관습에서 벗어나 당신의 교회가 다시 새롭게 모양을 갖출 수 있도록, 하나님의 성령을 허락하라.

나는 손에 잡히면 바스러질 듯 눈에 들어오는 정교하고 화려하게 꾸며진 대성당 외벽의 예술 조각품들과 위풍당당하게 버티고 선 거대한 규모의 빅토리아식 사원으로 들어간다. 습기로 축축한 사원 벽, 쌕쌕거리며 힘겹게 소리를 내는 낡은 파이프 오르간, 색 바랜 회벽, 쌀쌀한 외풍도 막고 외부로부터 변화도 막기 위해 문가에 쌓아 포개 둔 교회 의자들을 본다. 낡은 방들을 지나 계단으로 올라가는 통로, 잠시라도 주의를 게을리 했다가는 발을 헛디디고 마는 비좁은 통로와 연결된 습기 찬 부속건물들, 눈을 감아도 이 대성당 구석구석을 훤히 볼 수 있을 정도다.

내가 마지막으로 이 대성당을 찾은 것은 3년 전이다. 지금은 암울한 난간 아래 겨우 스물두 명만이 어두운 구석 자리에 앉아 마치 몸을 숨기기라도 하듯, 동굴처럼 휑뎅그렁한 900석 규모의 회중석을 자랑하는 이 대성당에서 예배를 드린다. 만일 새 목회자가 이런 교회로 부임하여 이렇게 연약한 회중과 첫 예배를 드린다고 한다면, 과연 그 목회자와 회중은 무슨 생각을 할지 나는 잠시 생각해 봤다. 그나마 이번에는 한 젊은 설교자의 참신함을 기대하여 다른 교회에서부터 찾아온 예배 방문자들이 그 회중 속에 끼어 있었다. 제단 양쪽으로 회중의 친구들이 아름답게 꾸며 놓은 꽃꽂이 장식을 봤다. 그 꽃들은 정말 화려하고 아름다웠다. 텅 빈 예배당을 바라보며 안타까운 내 마음을 그 꽃들이 잠시나마 가볍게 해 줬다. 하지만 그 화려한 꽃꽂이는 확연하게 영광이 떠난 썰렁한 교회의 서글픈 모습과 너무나 대조되는 듯하여 안타까운 마음조차 들었다.

나는 요한복음 2장 12절부터 22절에 나오는 '성전 청결 사건'을 본문으로 설교하였다. "보라 너희 집이 황폐하여 버린 바 되리라 내가 너희에게 이르노니 너희가 주의 이름으로 오시는 이를 찬송하리로다 할 때까지는 나를 보지 못하리라 하시니라."(눅 13:35) 굳이 이 대성당 교회를 말하자면, 오늘의 이렇게 힘 빠진 모습은 지난 20년 동안 수차례의 변화와 발전의 기회를 놓쳐 버린 결과다. 바로 그 슬픈 기억이 마음을 더욱 아프게 한다. 서글프게도 이 교회를 제어하려는 엘리트 집단이 이 모두를 거절한 셈이다.

오래된 성전과 새로운 성전

유대인의 유월절이 가까운지라 예수께서 예루살렘으로 올라가셨더니 성전 안에서 소와 양과 비둘기 파는 사람들과 돈 바꾸는 사람들이 앉아 있는 것을 보시고 노끈으로 채찍을 만드사 양이나 소를 다 성전에서 내쫓으시고 돈 바꾸는 사람들의 돈을 쏟으시며 상을 엎으시고 비둘기 파는 사람들에게 이르시되 이것을 여기서 가져가라 내 아버지의 집으로 장사하는 집을 만들지 말라 하시니 제자들이 성경 말씀에 주의 전을 사모하는 열심이 나를 삼키리라 한 것을 기억하더라 이에 유대인들이 대답하여 예수께 말하기를 네가 이런 일을 행하니 무슨 표적을 우리에게 보이겠느냐 예수께서 대답하여 이르시되 너희가 이 성전을 헐라 내가 사흘 동안에 일으키리라 유대인들이 이르되 이 성전은 사십육 년 동안에 지었거늘 네가 삼 일 동안에 일으키겠느냐 하더라 그러나 예수는 성전된 자기 육체를 가리켜 말씀하신 것이라(요 2:13~21)

예수님은 예루살렘 성전을 묘사하는 이 사건 가운데서 두 가지 엄청난 발언을 하신다. "교회는 황폐해졌다." "교회는 장사하는 시장이 되었다." 이 발언은 관료적, 제도적 교회 경험을 통해 느낀 소외된 이들이 교회를 떠나면서 못마땅하다 생각하여 따라 했던 비통한 논평이다.

이 시대의 교회 출석 통계는 걷잡을 수 없이 내리막길로 치닫고 있다. 많은 교회 건물들이 황폐한 집으로 변했다. 성가대나 오랫동안 정들었던 딱딱하고 불편한 긴 의자는 포기할 수 없다. 예배 의식은 예배 참석자들의 유년기 시절 향수를 달래는 식으로 유아설교에 여전히 미련을 버리지 못하고 있다. 몇몇 목회자들은 어쩔 수 없이 이런 전통들을 눈물을 머금고 끌어안으며 야합하기도 한다. 이처럼 썰물처럼 빠져 나가는 서구 교회의 출석률과는 전혀 달리 지구촌 다른 곳에서는 전혀 이해할 수 없는 현상이 일어나고 있다. 유럽과 북미에서는 하루 7,600여 명의 성도들이 출혈되고 있는데, 아프리카에서만 매일 16,400명이 새로운 성도들로 기록되고 있다.

어쨌든 지금 교회들을 보면, 어떤 마을은 엎어지면 코 닿을 곳에 마주 보고 있는 교회들이 서로 가자미눈을 한 채 누가 오래 버티나 보자고 말하는 듯 서로 노려보고 있다. 텅텅 비는 교회를 놓고, 사라지고 있는 교회 자료들을 끌어안으면서 지도자들과 목회자들은 어떻게 하면 이들을 다시 살릴 방도는 없을까 생각하며 초교파적 합병 대책을 궁리하고 있다. 하지만 이러한 그들의 꿈은 해결책을 찾는 데는 현실적으로 역부족이다. 오히려 합병은커녕 교회 건물을 옮기는 편을 선택하여 그 시도는 원점으로 돌아가고 만다. 하여 서글프게도 초교파적 교회 합병 상품은 보기 드물 정도다. 게다가 얼마 남지 않은 토박이 성도들이 큰 문제다. 포기할 수 없는 지난날의 향수 때문에 교회를 포기한다는 것은 그 시도조차 거부당하거나 아예 말도 꺼내 보지도 못하는 불가능한 형편이다.

요한복음의 예루살렘 성전은 처음부터 황폐한 곳이 아니었다. 그곳은 활력 넘치는 삶의 현장이었다. 성전의 뜰은 수천 명의 사람들이 몰려드는 바람에 혼잡스럽기까지 했고, 찬양과 기도로 흠뻑 물든 예배장소였다. 참으로 신기한 것은 이 땅의 어떤 교회들은 황폐의 현장이 되기도 하지만, 반면에 다른 교회들은 온갖 살아 있는 활동으로 그 맥박이 활기 넘친다. 오늘날 생동감 넘치는 살아 있는 교회를 말하자면, 주로 교회 게시판에 나붙은 교회 안팎 활동들 사이즈로 평가된다. 또한 주중에 교회 시설 안으로 드나드는 외부인들의 물결에 그 비중을 크게 둔다. 더 말할 나위 없이 주일날 예배드리는 이들의 나이와 숫자 역시 교회 부흥을 대변하는 기준이 된다. 게다가 사설보육원(Playgroups), 모닝커피모임, 스카우트(Scouts)[9], 브라우니(Brownies)[10], 교제모임, 런치클럽(Lunch clubs)[11], 배드민턴클럽, 청소년그룹[12], 하우스그룹[13], 알파코스(Alpha groups)[14], 성경공부 등과 같은 활동의 크기를 놓고 살아 있는 교회라고 단정해야 하는가?

그렇다면 이러한 활동을 가능하게 하는 것들은 무엇인가? 믿음과 헌신의 일이라며 성도들을 달래고 충동질하여 특별 헌금을 하게 한다. 현대화 기준과 환영 분위기에 비전을 걸고 거기에 걸맞게 빌딩을 리모델링해야 한다며 사업을 추진해 나간다. 이 같은 노력은 종종 외부인들을 교회 안으로 불러들여 예배인원 수를 늘리면서 전도 성과라

---

9) 청소년 육성과 훈련을 위해 창설된 단체.(편집자 주)
10) 영국 걸스카우트를 지칭하며, 교회에서 주로 7~10세 여아들을 상대로 이 모임을 주관한다.(편집자 주)
11) 주로 연로한 신자들과 이웃들을 초청하여 점심을 나누며 교제를 즐기는 영국 교회 모임.(편집자 주)
12) 십대 청소년을 대상으로 한 교제, 운동 중심의 모임.(편집자 주)
13) 감리교회 전통에 따른 성경 토론과 교제 중심의 영국 교회 모임. 우리나라의 전통적인 속회/구역 예배 형식과 다르다.(역자 주)
14) 영국 성공회 찰스 만함 신부가 시작한 비신자 전도·새신자 정착 프로그램. 식사와 교제 등 격식에 얽히지 않은 접근방식이 특징이다.(편집자 주)

고 만족할 수 있을 것이다. 그러고 나서 이러한 교회는 매일 밤 방마다 환하게 불을 밝혀야 할 것이다. 재정 흑자를 내기 위해서라도 지역사회를 위해 시설을 개방하여 교회가 바쁘게 돌아가도록 교회 운영에 최대한 신경을 써야 할 것이다. 여기까지 도달하면 교회는 이미 기업체로 둔갑하기도 한다. 이러한 기업 체제의 교회 사업을 제대로 운영하자면 그 비용 역시 무시할 수 없을 것이다. 이러한 계획들이 성공적일 경우, 마치 바쁘게 드나드는 벌집처럼 교회 건물은 흥에 겨운 듯 다양한 활동들로 만족하며 콧노래를 흥얼거릴 것이다. 이 시점에서 우리는 초창기 시대 유대 회당 운영체제를 생각해 보아야 한다. 당시 회당은 늘 영적 가치에 초점을 맞추어 예배와 기도, 찬양의 허브가 되는 데 목표를 두었다. 그리고 그것이야말로 이 땅의 교회가 궁극적으로 추구해야 할 목표가 아니던가?

바쁜 활동으로 숨 가쁘게 돌아가는 것을 성공적인 교회의 목표로 친다면, 성공적인 교회의 예배 역시 슈퍼마켓 진열장 위에 놓인 상품들처럼 여러 가지 다양한 기호에 맞추어 준비해야 할 것이다. 이를 테면, 아이들과 함께 드리는 시끌벅적한 '온 가족 예배'(All age worship)[15]로부터 시작하여 카리스마 넘치는 예배, 대성당 천장을 뚫고 메아리가 되어 높이 오르는 대성당 성가대의 영창(Chants)[16] 중심 예배라든지, 아니면 숨죽인 듯 드려지는 퀘이커 교도들[17]의 진지한 묵상 예배 등 다양한 브랜드를 제공할 수 있어야 할 것이다. 활기 넘치고 유동성

---

15) 거의 대부분 영국 교회는 한 달에 한 번 정도 모든 연령이 함께 예배드리는 가족예배나 전 세대 예배를 주관하여 가족적 예배와 교육을 배려한다. (역자 주)
16) 프랑스 테제 공동체(The Taizé Community), 영국 스코틀랜드의 아이오나 공동체(The Iona Community) 등의 전통으로 알려진, 단순한 가사와 곡조를 반복하여 찬양하는 영창 전통이 예배에 정착되어 있다. (역자 주)
17) '퀘이커스'(Quakers), '친구들'(Friends), '프렌드 교회'(The Religious Society of Friends)라고 불리는 기독교 모임. 오늘날에는 일반 교회들과 마찬가지로 계획된 예배를 드리지만, 11%에 해당하는 모임은 여전히 미리 계획하지 않고 침묵으로 '기다리는 묵상 예배'(Waiting worship, unprogrammed worship or silent worship)를 드린다(자료: wikipedia). (역자 주)

있는 젊은 세대들을 위해서는 그들의 영적 입맛(요구)에 맞는 패키지 상품 예배를 준비하여 그들 영적 쇼핑에 신경을 써야 할 것이다. 이렇게 '성장', '부흥'이라는 이름으로 벌여 놓은 온갖 활동들과 그 운영체제 뒷면에 우리가 종종 잊을 수 있는 '영적 부작용' 역시 심각하게 고려해 보아야 한다. 이를테면, 한 특정 교회의 성장이 같은 지역의 아직 걸음마 상태인 다른 이웃 교회를 더욱 힘들게 하는 결과를 촉발할 수 있다. 지나친 걱정이라고 말할지 모르나, 이런 현상이 확산된다면 결국 '총체적 교회의 성장'은 모두 함께 내리막길을 가게 된다는 통계를 무시할 수는 없다. 앞뒤가 맞지 않는 말인 듯하나 '한 성장'의 이름으로 '다른 성장'을 막는 결과로 치달을 수 있다는 뜻이다. 오늘날처럼 빠르고 바삐 돌아가는 세상에서 교파나 교회 위치, 전통 등은 그리 중요시되고 있지 않다. 이는 이미 지난 세대들의 시대적 교회 부산물이 되었다.

안타깝게도 이 시대의 많은 교회가 부흥이나 성장의 이름으로 골프 클럽이나 건강을 챙기기 위해 마력처럼 끌어당기는 헬스클럽처럼, 또 다른 하나의 '레저 타임 활동'(Leisure-time activity) 무대가 되기도 한다. 영국의 일요일은 실용주의를 위한 유흥의 날로, 소위 '카부트 세일'(Car-boot sale)[18]이 교회 가는 발길을 잡았다. 우리 도시에 찬란하게 불을 밝힌 쇼핑몰들은 소비주의 승리의 개가를 부르며 이 시대 새로운 대성당의 상징으로 자리를 대신하고 있다. 그럼에도 믿음의 눈으로 볼 때, 우리의 눈에 들어오는 이 시대 승리의 개가는 '영광이 떠난' 모습이다. 이 시대에도 교회가 계속해서 존재해야 한다는, 부정할 수 없는 우리의 염원은 서구 사회 속에서는 이미 색 바랜 모습이다. 안타깝게도 서구 기독교 심장부 가운데 자리 잡은 영적 굶주림은 세

---

18) 영국 도시 주변이나 지방의 넓은 공원에서 개인이 자신의 차를 몰고 와서 정기적으로 중고품을 염가 판매하는 일.(편집자 주)

속주의 도배공사 탓에 제자리에서 쫓겨난 채 자리 이동 상황에 부닥쳤다. 교회 밖에서 교회 건물 자체를 보고 있자면 기도의 집으로 보일지 모르나, 교회 깊숙이 들여다보면 영적인 상품(Spiritual wares)을 거래하는 시장터와 흡사하다는 말이다. 어찌 이런 상황을 서구 사회 속에만 있을 것이라고 장담할 수 있으랴.

　오늘날의 교회 역시 예수님 당시 유대 성전이 경험했던 똑같은 만성질병을 앓고 있는지도 모른다. 전적으로 똑같은 목적을 성취한다고 말할 수도 없지만 현대적인 대체물을 제공하고 있는지 어찌 알겠는가. 예를 들자면 큰 덩치의 종합병원이 이러한 사명을 제공하고 있다고 볼 수 있다. 자선 사업을 주도하는 교회나 쇼핑몰과는 다르게 마치 우뚝 솟은 개미집처럼 수많은 사람이 드나드는 종합병원을 생각해 보자. 온갖 활동들로 바쁘게 들썩거리면서 직접 생명과 죽음을 다룬다. 갑작스러운 사고를 당해 다치고 고통으로 신음하는 사람들의 이슈를 직접 다룬다. 이곳에서는 살이 잘리고 피가 흐르는 생명에 직결된 일들이 바쁘게 돌아간다. 종합병원의 우선적인 임무는 통증과 고통의 괴로움을 완화해 환자를 낫게 하는 데 있다. 이 엄청난 규모의 종합병원을 운영하자면, 마치 대형교회처럼 예산을 세우는 일과 치료할 환자 수를 얼마나 수용할 수 있는지 등 궁극적인 사업 목표를 놓고 진지한 돈 얘기를 빼놓을 수는 없다.

　잠시 구약시대로 거슬러 올라가 보자. 거대한 성전을 돌보았던 오래 전 대제사장들은 더는 직접 환자들을 만나 볼 필요가 없었다. 눈과 눈을 마주치며 환자들의 고통을 귀담아듣고 진찰을 하거나, 수술실로 달려가 살을 자르고 피를 보며 생명을 만지는 그러한 수술 의사가 아니라 큰 규모의 회중을 돌보는 일종의 종교 매니저들이었다. 영국 의료 시스템에 따라 말하자면, 아무리 종합병원이 규모가 크다고 해도,

규모가 작은 지역 진료소나 '서저리'(Local health centers)[19]를 무시해서는 안 된다. 다시 유대종교 사회로 돌아가 보자. 종합병원이 작은 동리 헬스센터와 밀접하게 관련된 것처럼, 예루살렘 성전 역시 성전 크기에 비교하면 그 규모는 비록 작지만 가정 단위의 예배 생활에 직접적인 활기를 제공한 회당과 밀접한 관계를 맺고 있었다. 큰 규모의 성전과 작은 규모의 회당은 서로 뗄 수 없는 관계를 맺으면서 유대종교 사회를 이끌어 나갔다. 유대주의에 초점을 둔 예배는 성전(Temple)을 넘고, 회당(Synagogue)을 넘으며, 가정(Home)에까지, 심지어 훗날 아우슈비츠 감옥까지 도달해야 하는 사명을 안고 있었다. 지난 역사를 통해 유대인들은 때로는 성전도 없고 종교적인 어떤 건물도 전혀 없는 곳에서도 흩어진 자들로서 어떻게 살아 나가야 할지를 배워야 했다. 그들은 건물로 그들 신앙을 가질 수 없었다. 모순으로 보이지만, 교회는 그 반대 방향으로 돌면서 성전을 대체할 집을 통해 하나님의 것들을 창조해 나가야 했다. 어떻게 해서라도 건물을 세워야 하는 신앙의 틀을 형성한 셈이다.

신당과 상징

솔로몬이 건축한 성전은 참으로 호화스럽고 장엄했다. 고대 세계 7대 불가사의 중 하나로 그 명성이 대단했다. 그 성전은 지구상 하나님을 예배하는 중심부로서 지대한 관심을 끌었다. 이스라엘의 종교적인 꿈을 실현하기 위한 건축물로 아주 멀리서부터 사람들을 불러 모으기

---

19) 영국의 모든 시민은 자신의 의료기록을 보관하고 돌봐주는 일반 의사(GP, General Practitioner)와 밀접하게 연관되어 있다. GP가 일반증상을 돌보며 약을 처방해 준다. 종합병원으로 가야 할 경우에도 GP가 이를 결정하여 처리한다.(역자 주)

에 충분했다(사 2:1~4). 이는 또한 왕권주의의 권력 상징 및 국민적 자존심과 자긍심으로서 손색이 없었다. 이사야 선지자 시대 당시 이 성전은 거의 신비로운 이미지를 획득하여 이미 수많은 유대인들이 예루살렘을 불가침의 성스러운 땅으로 믿기 시작했다.

하지만 예레미야 선지자의 생각은 그와 달랐다. 불행하게도 도시는 군인들의 행군으로 더럽혀지기 시작했다. 아시리아와 바빌론, 페르시아와 그리스, 로마에 이르기까지 고대 절대 강자들은 그 도시를 짓밟아 버렸다. 기원전 587년 처음으로 성전이 느부갓네살에게 파괴되면서 성전의 영광은 대부분 찢어지고 벗겨진 채 매수당하자 그 후로 정복자들에 대한 위협을 느끼게 되었다. 70년 이후 성전은 다시 재건되었지만, 그 이후 성전의 영광은 솔로몬의 경이로운 건축에 비하면 하나의 그림자에 불과했다. 게다가 포로 후기 유대인들은 여러 다른 외국인들과 함께 살아야 하는 범세계주의적 예루살렘 인구 문제에 봉착한다. 속된 말로, 꼴 보기 싫은 이방인들과 같은 하늘에서 살아야 했다. 이 같은 상황은 하나님의 거룩함을 보호하고 추구하고자 하는 느헤미야나 그의 후임자들에게는 큰 문제였다. 아마 이런 문제가 심각해지면서 참 유대인을 걸러 내고 다른 이방인들을 몰아내기 위한 성전 뜰 분할 문제가 불거진 것으로 짐작된다. 또한 이 문제를 처리하려고 내세운 방안은 더 큰 일을 불러와 헤롯 왕의 빌딩 증축 공사로 이어지면서 예수님의 탄생 시기까지 수년간 지속되었던 것 같다.

몇몇 고고학자들에 따르면, 예루살렘 성전 지하 밑에는 지하 주차장을 방불케 할 정도로 거대한 창고 공간이 있었다고 한다. 흥미를 자아내게 하는 이 풍경을 상상해 보라. 이 지하실 둥근 천장 아래에는 환전소들과 코를 찌르는 냄새들로 가득 찬 가축우리와 종교 상품들(Nick-knacks)을 팔고 사는 상인들로 북적대고 있다. 시끄럽고, 냄새나며, 사람들로 북적대어 공기도 탁한 그 지하 시장터, 희미한 램프에 의존한 어두컴컴한 이 지하 공간에는 전쟁터처럼 시끌벅적하게 흥정이 오가고 있다. 하지만 한 층 바로 위에는 공적인 기도를 위한 장소가 있었고 그 맨 위에는 지성소가 자리하고 있다. 만일 이러한 구조의 성전이 원래 디자인이었다고 한다면, 우리는 그 구조에 대한 아주 극적인 그림을 상상할 수 있다. 밖에서는 은혜로운 예배가 한창 진행되는 동안 다른 한 곳에서는 온갖 종교 거래를 일삼는 약삭빠른 상인들이 기승을 부리는 모습을 상상할 수 있다. 이런 그림이 당시 실제 상황이었다면, 이 비좁은 공간에서 예수님이 채찍을 내리치시는 모습을 상상해 보라. 온갖 짐승들과 동전들이 쏟아지고, 테이블이 뒤집힌 가운데, 낙심한 상인들의 모습이 보이는가? 아마 당신은 왜 예수님이 성전에서 그렇게도 화를 낼 수밖에 없었는지 이쯤 되면 이해가 갈 것이다.

좋지 않은 시작

짐(Jim)이라는 목회자에게 얽힌 이런 이야기가 있다. 그는 9월에 한 교회를 부임한다. 10월에 새로운 복음성가를 부르자고 권하자 오르간 반주자가 반주를 거부한다. 11월에 그는 지난 40년간 지켜 온 전통인 성가대의 가운과 스톨을 벗으라고 주문한다. 12월에 새로운 현대식 의자를 놓기 위해 긴 의자를 처분하자고 제의한다. 1월에는 젊은이들을 중심으로 새로운 찬양단을 구성하자 오르간 반주자는 폭풍을 만난다. 2월에 성가대 가운을 벗긴 문제 때문에 교회의회[20]는 두 쪽이 난다. 3월에 성가대장과 의회 서기가 사임한다. 4월에 새로 교회를 찾아

---

20) 영국 교회는 대부분 교회의회(Church council)의 결정으로 운영된다. (역자 주)

오기 시작한 젊은 층을 의식하여 '온 가족 예배'(All age worship service)
를 선보인다. 5월에 목회자를 몰아내기 위한 작은 그룹이 형성된다.
6월에 심각한 언쟁으로 교회가 분쟁에 휩싸인다. 7월에 목회자와 그
의 온 가족이 교회를 떠나자 새로 교회를 찾아온 젊은 층 역시 교회를
떠난다. 9월에 은퇴한 목회자가 다시 교회를 떠맡아 모든 게 '정상적'
(Normal)으로 돌아간다. 그런데 도대체 무엇이 '정상적'이란 말인가?

참으로 이상한 것은, 왜 요한복음은 예수님의 '성전 청결 사건'을
예수님의 목회 초장부터 거론하느냐이다. 유대종교 당국을 상대로 정
면으로 충돌하는 언어폭력 수준인, 예수님의 화를 돋운 이 사건을 다
른 복음서 시간표에서는 예수님의 마지막 공적 목회의 국면으로 돌리
고 있다. 이 문서의 자리바꿈은 소위 성전 폭동 사건에 향신료를 첨가
하여 저자들이 이 사건을 아주 맵게 하려고 의도한 편집상의 문제로
볼 수도 있다. 그럼에도 이 문서의 자리 배치와 갈릴리 가나의 처음
이적과 연결한 의도를 미루어 볼 때, 오늘 우리에게 신학적으로 심오
하고 중대한 의미를 시사해 준다.

성전에서 보여 주신 예수님의 행동은 당대 그분의 종교적 차원에
서 당연히 정상적인 아이디어라 말할 수 있겠지만, 오늘 우리에게
도 상당히 진보적인 모습으로 다가온다. 마가와 누가가 '모든 민족을
위한 기도'가 성전 삶의 초점 차원에서 '개혁'으로 설명하는 동안(막
11:17), 요한은 이보다 더욱 더 멀리 나아간다. 물처럼 유연한 초기 유
대종교가 성령의 새로운 포도주에 의해 교체가 되어야 하는 것처럼,
'성전 건물' 역시 '새로운 포도나무이신 예수' 그리스도에 의해 새롭게
교체되어야 하는 것과 같은 국면을 만난다. 이제 이 복음서의 '성전 건
물'은 기도의 장소가 되기를 멈추고 언쟁과 반목질시의 장소로 변하
고 만다(요 7:15; 8:2, 59). 오래된 포도주 가죽 부대처럼, 성전은 세상을
향해 터지기 위해 부글부글 거품이 이는 성령의 새 포도주를 더는 담

을 수 없다. 마치 이 시대의 수많은 교회 건물들처럼, '과거를 눌러 담은 캡슐화된 신당'(A shrine encapsulating the past)으로 전락한 것이다. 부활하신 예수 그리스도의 몸은 캡슐 안에 담긴 채 이 땅에 보관될 존재가 아니라, 다가오는 미래를 향해 새로운 징조에 대한 참여를 의미한다.

포도즙 만들기

나는 참포도나무요 내 아버지는 농부라 무릇 내게 붙어 있어 열매를 맺지 아니하는 가지는 아버지께서 그것을 제거해 버리시고 무릇 열매를 맺는 가지는 더 열매를 맺게 하려 하여 그것을 깨끗하게 하시느니라 너희는 내가 일러준 말로 이미 깨끗하여졌으니 내 안에 거하라 나도 너희 안에 거하리라 가지가 포도나무에 붙어 있지 아니하면 스스로 열매를 맺을 수 없음 같이 너희도 내 안에 있지 아니하면 그러하리라 나는 포도나무요 너희는 가지라 그가 내 안에, 내가 그 안에 거하면 사람이 열매를 많이 맺나니 나를 떠나서는 너희가 아무 것도 할 수 없음이라 사람이 내 안에 거하지 아니하면 가지처럼 밖에 버려져 마르나니 사람들이 그것을 모아다가 불에 던져 사르느니라 너희가 내 안에 거하고 내 말이 너희 안에 거하면 무엇이든지 원하는 대로 구하라 그리하면 이루리라 너희가 열매를 많이 맺으면 내 아버지께서 영광을 받으실 것이요 너희는 내 제자가 되리라(요 15:1~8)

9월이 되면 나는 항상 서재 너머 남쪽 담벼락에 붙어 타고 올라간 포도나무 가지에서 붉은색 포도가 익어 가는 모습을 지켜본다. 우리 가족이 이 집으로 이사 온 지 6년이 되었다. 해마다 나는 과감하게 포도 가지를 쳐 준다. 덕분에 매년 더 많은 포도를 수확한다. 올해 수확은 놀랍게도 다른 해보다 더욱 풍성하다. 포도나무로서 교회의 이미지는 전적으로 유기(Organic) 혹은 생물체를 의미한다. 교회가 풍성한 수확을 기다린다는 말은, 곧 그리스도께 의존하고 함께 삶을 나눈 그 결과의 산물로 말할 수 있다. 유기체로서 교회의 모델은 규칙 이전에 관계 설정을 의미한다. 동시에 사람을 얽어매는 구차한 조직이나 구조를 최소한으로 줄이는 데 있다. 그 대신 서로 존중하고, 서로의 말(고통)을 들어주어야 한다. '사랑받은 제자'의 전통을 추구하며, 그리스도를 향한 헌신을 다짐해야 한다. 또한 그분이 남기신 사랑의 계명에 대한 순종과 성령께 의존하는 길이야말로 풍성한 추수를 기대할 수 있을 것이다.

복음서 저자들은 통계 수치에 목을 맨 교회로부터 '액체 교회 모델'(Liquid models of Church)로 거듭난 모습을 가리키며, 그러한 자리로 교회가 이동하기를 바라면서 우리를 초청한다. 이러한 변신이 의미하는 함축적인 가치는 상당하다. 교회 건물이 황폐하든 교회활동이 바쁘게 돌아가든 그것이 우선적인 모델이 아니라, 그 건물의 필요성을 따지기에 앞서 영적인 마켓으로서의 활동 가치를 묻고 따져야 한다. 교회의 조직들은 필시 단순화되고 동시에 민주화되어야 한다. 기관으로서의 교회 구조는 직분 때문에 남자든 여자든 목을 조르거나 옥죄는 일이 없어야 한다. 교회가 세우는 규칙을 내세우기 이전에 관계 정상화를 먼저 수립해야 한다. 다시 말하지만, 규칙 이전에 관계 정상화가 우선이라는 말이다. 제자정신을 왜곡시키고, 풍성한 결실을 방해하며 도둑질하는 어떤 것들로부터, 교회 안팎 여러 분야에서 진정한 결실을 회피하도록 유도하는 가지들을 과감하게 자르는 그 수고가 있을 때만이 풍성한 추수를 약속할 수 있다.

오스카 와일드(Oscar Wilde)는 사회주의 문제는 다름 아니라, 회의를 위해 너무나 많은 저녁 시간을 소비했기 때문이라고 말한 적이 있다. 이 와일드의 경고를 교회들을 향한 경고 메시지로 받아들여야 한다고 생각한다. 우리가 잘 알듯이, 제도적인 기관으로서 교회는 건물 운영과 조직을 유지하기 위해 헌신의 명목으로 돈과 시간을 많이 요구한다. 뿐만 아니라 자원봉사 역시 너무 지나치게 요구하여 성도들의 개인적 삶에 한계를 느끼게 하는 큰 문제가 있다. 하여 우리는 심각하게 고려해 보아야 한다. 이 시대의 교회는 '액체화'(Liquefication)를 선택할 것인가, 아니면 '점포 정리'(Liquidation)를 선택할 것인가?

액체 교회

피트 워드(Pete Ward)는 그의 책 『액체 교회』(Liquid Church)에서 두 부류의 교회, 곧 '고체 교회'(Solid church)와 '액체 교회'(Liquid church)[21]를 묘사한다. 그는 현 사회적 분석으로 볼 때 서구 문화는 더욱 더 현대화 및 액체화 양식으로 이동한다고 주장한다. 또한 서구 역사의 비영구성과 이성이 극단주의를 넘어 정착하는 데 승리한 서구 역사의 기간을 기술적 언어로 '현대성'(Modernity)이라고 표현한다. 그는 기술적 혁명은 '게임'이라는 이름으로 '변화'의 놀라운 수치를 드러내고 있다고 밝힌다. 지금까지 현대성은 요지부동의 관료사회와 기관, 가치의 세트 혹은 관계의 질서 등으로 대치되었다. 하지만 이제 현대성은 모든 것이 유연하고 명확하지 않으며, 퇴형성 과제가 되는 액체화 과정을 치르고 있다고 본다. 한때 고체화되었던 현대화가 전 현대사회에 관련되었던 고체 교회를 향해 경고한다. 이 시대의 고체 교회는 거친 변화의 파도에게 포위당한 채 사라지는 섬처럼 되어 간다는 뜻이다. 말하자면, 휴가 동안 서로 만나 사귀고 보낸 동화 속 섬 이야기 같

---

21) Pete Ward, *Liquid Church*, Carlisle: Paternoster Press, 2002를 보라.

은 달콤한 휴가의 경험을 뒤로한 채 일상의 삶으로 돌아가야 한다는 것이다. 그리고 여기서 교회로서의 섬들은 춥고 황량한 장소로 되어 가는 셈이다.

우리의 액체 문화는 장소와 전통 그리고 교파에 충성하는 동안 깊이 뿌리를 내린 시간의 가치관을 따르고 있다. 액체 문화 속에서 교회와 교파 증가는 골목상점들이 제공하는 폭넓은 영적 상품들로서 공중에 의해 평가된다. 피트는 '고체 교회'가 유적지와 피난처, 향수적 공동체의 모든 특징을 갖고 있다고 본다. 특정한 장소에 자리한 주일 회중은 고체 교회의 중심기둥이었다. 하지만 그 유익한 교회의 위치조건은 후기 현대문화의 주도적 현장에서 더는 유리한 조건이라기보다는 오히려 '모바일 네트워크'(Mobile networks)가 필수가 되었다. 한때 중심지로서 자리를 차지하던 고체 교회 자리보다는 이제 소외된 자들이 몰리는 가장자리가 오히려 선교의 중심지가 되어 가고 있다는 것이다. 불확실한 가장자리가 도리어 진정한 성장을 위한 시대적 무대가 되어 가고 있다는 것이다. 쉽게 말해, 전통적인 선교지보다는 오히려 소외된 자들이 거주하는 불확실한 가장자리로 나가 선교 자리를 펼 수 있을 때 선교의 성장을 기대할 수 있게 되었다.

나도 나의 책 「머나먼 나라로」에서 이와 비슷한 결론을 내렸다.

이 시대는 범세계적 공동체들의 세상이다. 마치 온갖 민족이 서로 어울려 다양한 자수(Tapestry)를 놓은 듯한 가운데, 많은 것 중 하나요, 하나가 다수인 삼위일체의 패턴(양식)을 음미하게 하는 세상으로 바뀌었다. 그러므로 이 세상의 교회는 다국적 기업인 맥도날드와 같이 똑같이 복사하여 모든 곳에 지점을 운영하고자 하는 것은 아니다. 만일 그렇게 되기를 바란다면 거기엔 교회 모델의 확산은 가능할 것이다. 하지만 바람직한 기관은 원초적 모델을 늘 고집할 수 없다. 이 땅의 한 교회는 그 교회가 존재하고자 하는 그곳의 언어와 사람들, 그리고 그 현장 문화의 관점에 따라 각자 그 현장에 맞는 대표성을 드러낼 수 있어야 한다. 이 땅의 교회는 물리적 연합을 목표로 하는 조립식 산물이 아니라 불로 세례를 받은 기관으로서 다양성을 유지하는 성령의 운영체제를 목표한다. 신약성경에서처럼, 개별적 지방교회는 '카이로스'(kairos)에 따른 자체 운동에 항상 응답하기 위해, 구조 차원에서 열린 시스템을 목표했다. 그래서 기도를 통한 다른 교회 공동체 간의 순회목회가 가능했다. 성도들 간에 주고받는 상호교환을 실습하여 '교구주의'(Parochialism) 정치에서 벗어나 구원을 체험하는 공개적 교회를 지향할 수 있었다. 이렇게 하여 교회 공동체들은 성령의 물 흐름에 따라 상호 연결되어 흘러갈 수 있었다. 하나님은 시대마다 새로운 교회의 모델로 '기관 중심 세트'를 창조하지 않으신다. 오히려 연합을 이루면서도 서로 다양성을 유지할 수 있는 교회의 시스템, 즉 다 함께 하나의 음악을 창조하는 삼위일체로 춤추는 연합과 그 속에 살아 있는 생명을 감상할 수 있는 하나의 '액체 교회'를 창조해 내신다.22)

변화를 소개하고자 시도하는 모든 목회자는 어려움에 봉착할 수 있다. 1년 동안 버틸 수 있었던 짐의 경험은 그리 특이한 게 아니다. 그는 회중이 원치 않는 지도력 스타일을 너무 빨리 진행했기 때문에 그 교회를 지킬 수 없었다. 누군가 말했듯이, 군대에서 장군은 장병보다 너무 빨리 앞서 가면 안 된다는 말이 있다. 장병들이 너무 앞서 가는 장군을 자신들의 적으로 오인한다면, 장군은 자기 장병의 총에 당할 수도 있다는 뜻이다. 이게 바로 짐이 당한 일이요, 새 성도들이 재빨리 다른 곳으로 빠져나가 버리고 만 것이다. 기독교적 배경이 없는 외부인들에게 교회는 종종 '외계인 교회문화'(Alien church culture)로 비치기도 한다. 교회 문화가 그들에게 낯설어서 편할 리가 없다. 짐의 교회는 다른 '고체 교회'처럼, 그가 앞서 가는 것을 용납할 수 없어 거

22) Stuckey, *Into the Far Country*, 129~130쪽을 보라.

부하고 만 셈이다. 하지만 교회는 심각하게 느슨해서도 안 된다. 그러니 고체 교회는 갇힌 상자에서 나와 하나의 새로운 종류의 교회를 세우기 위해 모험을 해야만 한다.

플래닛 엑스(Planet X)

'행성' 혹은 '제10행성'으로 불리는 모임은 중학교 시절 3년 동안 진행되어 왔다. 랄프(Ralph)는 DJ였던 한 젊은이와 함께 '대체교회'의 비전을 나눈다. 그 두 사람은 함께 학교 디스코에서 만나 그곳의 스태프들, 젊은이들과 교제하기 시작하는데, 거기서 이 별난 교회는 시작되었다. 랄프는 음향기기를 준비하여 교장을 만나 기독교 디스코 클럽을 운영하겠다고 제의한다. 교장은 동의한다. 랄프는 열두 명의 성인 도우미들을 모았고, 이렇게 하여 '플래닛 엑스'(Planet X)라는 기발한 교회가 시작된다. 랄프는 쇼를 운영할 수 있는 모든 은사가 있는 사람들을 모은다. 이 모임에서 만화경(Kaleidoscope)같이 변화무쌍한 별난 아이디어들을 동원한다. 디스코 댄싱, 게임, 퀴즈, 시청각 프로그램, 춤과 노래, 파워포인트 프레젠테이션, 기도, 채팅, 음료수 파티, 카스타드 파이 파티 등등, 신나는 별난 것들을 무대 위에 올린다. 이 모임을 찾아온 관중 역시 무대에 올라와 함께 연기에 참여하기도 하고, 다른 활동들을 함께 나눌 수 있다. 젊은이들의 창의적인 다른 아이디어들을 모으기 위해 무명으로 설문지를 넣을 수 있는 임시 우체통도 준비한다. 이에 대한 랄프의 논평은 이렇다.

우리는 '어떻게 기도해야 하는지'부터 시작하여 '무얼 먹지 말아야 하는지' 등과 같은 이슈를 다룰 수 있었다. 이는 정말 시간과 에너지를 요구하는 일로서, 우리는 이 모임을 시작한 이래 200여 명의 관중을 목표로 하고 있다. 플래닛 엑스는 다른 네 군데서도 운영되고 있으며, 모두 다 200여 명의 비슷한 회원들을 불러 모으고 있다.23)

대중음악과 코미디 공연을 주로 한, 소위 '긱스'(Gigs)의 목표는 분명히 확고하다.

이는 예수 그리스도의 사랑을 나누는 데 있다. 아홉 살부터 열세 살 청소년들을 대상으로 한 우리의 전도 방법이다. 교회에 관해 아주 조금 경험이 있거나 교회와는 전혀 무관한 청소년들을 대상으로, 그들에게 비전을 심어 주고 어떻게 비전을 규정할 수 있는지를 가르치는 동안 전도자를 훈련하는 방법을 찾았다.

기독교에 흥미를 느끼기까지는 어른이나 아이 모두 모든 부류의 파생 효과를 느끼게 마련이다. 그런데 여기서 제기되는 질문은 이렇다. "우리는 이러한 새로운 '액체 기독교인' 부류를 전통적인 교회(기성교회) 안에 소개해야 하는가?"

평행교회

몇 년 동안 나는 '평행교회'를 세우는 전령의 역할을 감당해 오고 있다. 우리 교회 안에 이미 들어와 교회생활을 실습하는 이들이 포함될 수도 있는 주중 쇼핑객들을 위한 예배를 준비한다. 주로 주일에 교회를 나오지 않는 주부들을 상대로 하는 여성교제다. 최근 더욱 개방적인 사례들로서, 학교나 가정, 사무실, 지역사회 마을회관 등에서 온

---

23) 랄프 워드(Ralph Ward)와의 개인적 대화 중 일부.

갖 모습의 다양한 패턴의 교제모임을 제공하고 있다. 짐과 같이 어떤 목회자들은 변화를 거절하는 지역교회 때문에 어려움에 부딪힐 수도 있지만, 최근에 와서 '신선한 표현으로서의 교회'(Fresh expressions of church)를 시도하며 교회를 개방하고 있다. 이러한 시도는 단지 '기성교회'에 대한 '대체교회' 방안은 아니다. '미래교회'의 새로운 푸른 새 순으로 인정하는 차원에서 격려할 일이다. 많은 그리스도인이 교회를 그들만을 위한 배타적인 소그룹(In-group)으로 생각하려 한다. 다시 말해, 이러한 교회는 그들만을 위한 하나의 '신당'(Shrine)으로 전락해 버린다. 이럴 때 성령께서 그들에게서 떠나시고, 교회는 문제에 봉착한다. 하나님은 늘 새로운 방법의 교회를 세우기 위해 탐험을 멈추지 말라고 우리를 부르신다. 나는 이 요청을 확고하게 믿는다. 이렇게 새로운 탐험을 하기 위해 준비된 교회를 일컬어 '평행교회'라고 부른다. 우리의 전통적 교회들이 거절하지만 않는다면 '평행교회'는 많은 교회로 대치될 수 있을 것이다.

새로운 교회?

그곳이 교회처럼 보인다는 느낌은 찾을 수 없었다. 테이블에 앉아 기다리는 동안 브라이언(Brian)이 함께했다. 우리는 MG 스포츠카와 주식시장, 이라크 전쟁, 교황과 목회자들은 무엇을 하는지 시대적인 이슈들을 놓고 이야기를 나누었다. 브라이언에게는 그의 형제 결혼식 때 신랑 들러리로 교회를 갔던 것이 교회에 관한 마지막 기억이었다. 그 이전에 교회를 갔던 기억은 나지 않는다고 했다. 게다가 목사와 이야기를 나눈 적도 전혀 없다고 했다. 그런 이유로 나와 대화를 나누면서도 심오한 신학적 소명과 신적 존재에 관한 질문 등 신학적 언어를

상자 속에서 나오라

56

이해하지 못하자 연거푸 사과를 했다. 그는 카페 사장을 잠시 만나려고 들렀다가 나와 이런저런 이야기를 나누느라 한 시간을 보낸 것이다. '고체 교회' 혹은 전통적 교회 문턱이나 경험도 전혀 없는 20~30대 청년이 '평행교회'를 매력적으로 창조하려는 목회자의 기발한 아이디어에 관심을 보이면서 '카페 파리'에 발을 내디딘 것이다. 그 시작은 아주 간단했다. 적당한 가격에 좋은 음식과 음료수를 제공하는 한 식당을 빌리는 것이 그 목표였다. '카페 파리'는 하나님에 관해 열정을 가진 이들과 더불어 그들의 이야기를 들어주는 곳이었다. 나는 바로 이 모임에 초청을 받은 청빙 강사였다. 모임은 저녁 7시 30분에 시작하여 10시 45분까지, 주인이 문을 닫을 때까지 계속되었다. 소위 '평행교회'를 시작한 토니(Tony)는 이미 부흥하는 교회를 담임한 목사였다. 이 '액체 교회'는 외부인들을 '와 보라' 손짓하는 일종의 사회복귀 프로그램이다. 토니는 그날을 되돌아보며 이렇게 말한다.

> 식당 주인과 요리사들이 식당을 잠시 빠져 나가 주방에서 행주를 말리면서 나누는 대화를 들을 때 이 프로그램을 통해 무언가 중요한 일이 일어나고 있다는 것을 나는 알 수 있었다.[24]

이 모임을 마치고 돌아오는 길에 나는 혼자 흥분하고 있었다. 일반적으로 교회서 한 달 동안 풀어 놓은 이야기보따리보다 그날 하루 동안 나눈 하나님에 관한 이야기보따리가 훨씬 더 푸짐했다고 나는 기억한다. 이렇게 새롭고 신선한 표현으로서의 교회 운동이 지속할지 아니면 물거품처럼 사라질지, 그것이 내게 중요한 것은 아니다. 예수께서 그날 그 자리에 그들과 함께 계셨다는 그 사건만으로도 충분한

---

24) 카페 파리(Cafe Paris) 참석을 위한 토니 몰링(Rev. Tony Morling) 목사로부터의 초청이다. (역자 주)

가치가 있는 값진 사건이었다. 나는 왜 예수님의 '성전 청결 사건'과 '갈릴리 혼인 잔치 사건'을 복음서 저자를 통해 함께 연관 지어 우리에게 소개하는지 이제는 이해할 수 있을 것 같다. 오래 전 가능했던 이해묵은 '액체종교'의 사건을 우리 앞에 새롭게 소개하는 것이다. 성령의 포도주가 갈릴리 가나 혼인 잔치 자리에 모자람 없이 흘렀다. 손님들과 함께 나누는 음식과 웃음소리는 그동안 서로 갈라놓고 떼어 놓았던 제도적 장애를 무너뜨린 잔치자리가 된 셈이다.

질문

1. 당신의 교회 건물은 하나님의 선교를 돕는다고 생각하는가, 아니면 방해 요소를 안고 있다고 생각하는가? 이를 놓고 두 개의 리스트를 작성하여 토론해 보라.

2. 왜 어떤 그리스도인들은 변화를 거절하는가? 이럴 때 우리가 할 수 있는 일은 무엇인가?

3. '신선한 표현으로서의 교회'를 개발하기 위해 당신의 교회는 무슨 계획을 세우고 있는가?

   ① 어떤 부류의 그룹이나 사람들을 만나 교제하기를 원하는가?
   ② 어디서 모임을 해야 한다고 생각하는가?
   ③ 이러한 활동을 하기 위해 어떤 제안을 하고 싶은가?
   ④ 신선한 표현으로서의 교회를 개척하는 데 필요한 은사를 가진 사람들이 당신 교회 안에 있는가?

기도

주 예수 그리스도시여,
초청하오니
우리 교회 건물 안으로 들어오소서.
그리하여 우리가 하는 모든 일을 판단하소서.
우리 교회 안으로 들어오고자 하는 이들,
부활하신 당신의 존재를 발견하고자 하는 이들을 만나 주소서.
우리 교회가 외부인들을 가로막고 있지는 아니한지
그들의 요구를 분별할 수 있는 눈을 열어 주소서.
우리 교회가 당신의 미래를 가로막고 있지는 아니한지
걸림돌이 되는 우리의 전통을 내려놓을 수 있는 용기를 허락하소서.
우리의 교회, 진정으로 당신의 교회가 되기를 원하오니
교회 안에 묶인 모두를 가볍게 풀 수 있도록 도우소서.
우리 자신 또한 너그러운 믿음을 채울 수 있도록 도우소서.
우리 주님의 이름으로 기도하옵나이다.
아멘.

3장

양수(羊水)가 터지다

The breaking
of the
waters

당신이 새로워지고 능력을 소유할 수 있도록 하나님의 성령을 용납하라. 그리하여 활동적이고 순종하는 그리스도의 제자가 될 수 있도록 당신을 준비하라.

나는 브리스톨(Bristol) 근교 작은 대학병원으로 서둘러 달려갔다. 진통은 한 시간 전에 시작되었는데 양수가 터졌다. 아이가 태어나는 순간 아내와 함께하기는 처음이었다. 지금껏 산모가 제대로 호흡할 수 있도록 충분히 연습했다고 생각했지만 그 연습이 크리스틴(Christine)을 돕지는 못했다. 내가 아내에게 가스 마스크를 하게 한 것이 오히려 힘을 주지 못하고 아내를 졸리게 하는 결과를 불러왔다. 난 이 놀라운 생명의 기적이 빛 가운데로 나와 첫 숨을 쉬는 것을 본 그 순간을 결코 잊을 수 없다. 그날 우리는 어여쁜 딸을 얻었다.

나는 한때 의사와 간호사 그리고 산파들로 구성된 모임에서 요한복음 1~4장을 중심으로 성경공부를 인도한 적이 있다. 그때 한 사람이 이 본문은 마치 '양수가 터지는 것'과 '출산'에 관련된 것 같다는 기발한 해석을 하였다. 난 이러한 영감을 그 이전에는 깨닫지 못했다. 요한복음에서 물의 상징은 모두 함께 연결되어 있다. 1장에서는 예수님의 세례, 2장에서는 물로 포도주를 만드신 사건, 3장에서는 "물과 성령으로 거듭나야 한다."며 니고데모에게 요청하신 말씀, 그리고 4장에 나타나는 우물가의 여인 이야기, 이 모두 '물에 관련된 사건'이다. 그리고 이 본문들은 단지 '물에 젖은 사건'뿐만이 아니라 '생수에 흠뻑 젖은 사건들'이다.

출산

출산 과정에서 양수가 터진다는 말은 새 생명을 위한 삶의 가능성이 시작된다는 말이다. 세례 요한의 목회는 기독교 제자정신의 로켓 발사대와도 같다. 예수님 스스로 자신을 위해 세례를 받으셨다는 가십거리를 만들기도 했지만, 복음서 저자는 이러한 문제점을 내던져 버리는 듯하다(4:1, 2). 그럼에도 예수께서는 양수를 터뜨리시고 성령을 물처럼 흐르게 하시는, 새로운 창조 사역을 가능하게 만드셨다.

태초에 말씀이 계시니라 이 말씀이 하나님과 함께 계셨으니 이 말씀은 곧 하나님이시니라 그가 태초에 하나님과 함께 계셨고 만물이 그로 말미암아 지은 바 되었으니 지은 것이 하나도 그가 없이는 된 것이 없느니라 그 안에 생명이 있었으니 이 생명은 사람들의 빛이라 빛이 어둠에 비치되 어둠이 깨닫지 못하더라 하나님께로부터 보내심을 받은 사람이 있으니 그의 이름은 요한이라 그가 증언하러 왔으니 곧 빛에 대하여 증언하고 모든 사람이 자기로 말미암아 믿게 하려 함이라 그는 이 빛이 아니요 이 빛에 대하여 증언하러 온 자라 참 빛 곧 세상에 와서 각 사람에게 비추는 빛이 있었나니 … 영접하는 자 곧 그 이름을 믿는 자들에게는 하나님의 자녀가 되는 권세를 주셨으니 이는 혈통으로나 육정으로나 사람의 뜻으로 나지 아니하고 오직 하나님께로부터 난 자들이니라(1:1~9, 12, 13)

이 위대한 서문은 구약성경의 문을 여는 말씀으로 우리에게 다가온다. 거기에 어둠이 있다. 그러나 하나님은 어둠 이전에 존재하신 분이다. 빛과 생명의 자원이신 하나님은 그분의 말씀을 통해 우주를 창조하신다.

태초에 하나님이 천지를 창조하시니라 땅이 혼돈하고 공허하며 흑암이 깊음 위에 있고 하나님의 영은 수면 위에 운행하시니라 하나님이 이르시되 빛이 있으라 하시니 빛이 있었고 빛이 하나님이 보시기에 좋았더라 하나님이 빛과 어둠을 나누사 하나님이 빛을 낮이라 부르시고 어둠을 밤이라 부르시니라 저녁이 되고 아침이 되니 이는 첫째 날이니라(창 1:1~5)

하나님의 성령은 원초적인 무질서로 가득한 흑암과 공허의 상황 위에서 운행하신다. 하나님은 말씀하신다. 생명의 기원이 되는 물은 터지고 열린다. 하나님의 말씀으로 빛은 어둠을 찌른다. 궁창은 계속되는 하나님의 창조를 위해 우주의 무대를 활짝 열어 놓는다. 창조와 재창조 사이를 오가며 활동하는 빛은 어느 무엇으로도 그 창조 활동을 멈추게 할 수 없다. 모든 것이 생명을 잉태하기 위해 재빨리 움직인다. 이 빛은 이 땅 위의 모든 피조물 속으로 침투하고 스며든다.

나는 복음서 서문의 일부를 이미 앞에서 인용한 바 있다. 그 구절을 찾아보고, 계속 읽으면 좋을 것이다. 어떻게 로고스의 말씀(The Word)이, 마침내 생명, 빛, 영광, 은혜, 그리고 성부 하나님의 진리를 실제로 모두 볼 수 있는 육체의 형태를 지니게 되는지를 묘사하는 웅장한 장관이 지나간다.

하지만 나는 복음서 서문을 읽을 때마다, 신약학자들이 궁금해하는 것처럼, 세례 요한의 등장으로 왜 이 웅장한 우주 창조의 드라마가 저지당하는 것처럼 보이는지 가끔 당황스럽다(1:6~8). 연극을 시작하자마자 몇 사람이 무대 위에 몇 분 동안 어처구니없이 등장하여 시간을 끄는 것과 같다고나 할까. 학자들은 복음서의 전기(傳記) 버전에 다른 자료를 삽입함으로 후기 작가들의 증거를 제대로 보려 한다. 그 결과는 빗나간 것처럼 어설프게 드러나기도 한다. 양수가 터지고 말씀의 출산이 일어나는 가운데, 요한은 그 나름대로 그가 맡아야 할 역할을 부여받는다. 어떻게 생각해 보면 세례 요한은 마치 산파처럼 행동한다. 그는 말씀을 배달하는 소리다. 그는 하나님의 아들을 기다리는 군중에게 소개하는 일을 맡았다. "보라 세상 죄를 지고 가는 하나님의 어린 양이로다."(1:29)

　예수님의 말씀과 함께 동반되는 물은 한편 성례전의 중요성을 가리킨다. 물이 허락되지 않은 곳에는 생명을 등지는 일이 일어나는데, 혼란과 위험이 존재한다는 것을 의미한다. 이와는 달리, 쓰나미와 같이 물은 '육체' 혹은 '밤'의 상징으로 우리의 세상을 물에 잠기게도 한다(6:63). 하지만 그 공포의 물은 제압되고 그 위로 사람이 걷는다(6:19). 이와 반대로 성례전 물은 아버지 하나님의 선물이다(7:37). 이는 솟아나고 빛을 발하며 살아 있고 생명을 주는 것이다. 교회 차원에서 말하자면, '고체 교회'에도 말씀이 선포되고 물과 성령이 존재하게 되면 유연하고 생동력 있는 '액체 교회'로 변한다. 그리스도의 영이란 '뉴마'(pneuma)[25], 곧 '바람'이나 '숨'으로 번역될 수 있다. 예수님은 물과 성령이라는 용어로 니고데모에게 탄생의 과정을 설명하시는데, 여기서 성령은 우리에게 다가오는 하나님의 숨이다(3:8). 말씀의 출산은 부부관계의 결과가 아니다. 우리는 인간의 의지나 욕망(1:13), 혹은 유대인들이 믿었던 혈통으로 하나님의 자녀가 되는 것이 아니다. 여기서 말하는 바는, 성령의 초자연적 출산 사건을 통해 이해할 수 없는, 그러한 것을 가리킨다. 성령은 오는 세대 가운데 비둘기처럼 온유하게 임하여 자기 자신을 나타낸다.(1:32). 양수가 터지는 것과 빛이 찾아오는 것은 하나의 같은 사건이며, 전도자(요한)의 재창조 활동의 서술에 담긴 천지창조의 첫 순간을 떠올리게 하는 서술 또한 맥락을 같이한다.(창 1:1~13)

---

25) 보통 '프뉴마'로 표기하나, 여기에서는 '뉴마'로 표기한다.(역자 주)

터널 끝의 불빛

나사로에게 무덤은 어머니의 자궁(子宮)이었다. 그가 빛 가운데 나오던 그날은 출산 과정과 흡사하다. 입었던 수의(壽衣)는 아기가 태어나면서 끊어야 하는 탯줄처럼 그를 감싸고 있었다. 출산에는 위험이 따른다. 출산하는 과정에서 잘못되기도 한다. 자궁 안의 어둠은 한 생명의 무덤이 될 수도 있다. 유다는 예수님을 어둠으로 나가도록 내버려 두었으나, 니고데모는 어두운 시간에 예수님을 만나기 위해 어둠에서 나왔다. 어둠에 거한다는 것은 죽음을 위한 테러에 가담한다는 말이요, 낙심과 욕망을 의미하기도 한다. 어둠에서 벗어나는 일이나 새 생명이 자궁을 벗어나는 일은 과정이 비슷하다. 양수가 터질 때 어둠 속에 살았던 생명은 자궁의 터널을 벗어나 출산 과정을 치른다. 이 과정에는 엄청난 충격이 따르기 때문에 잘못되면 어둠 속에 갇힐 수도 있다. 세상 창조 이후 한때 있었던 대홍수 사건처럼, 혼돈의 물은 살아 있는 존재의 정체성을 물에 잠기게도 할 수 있다.

1970년대 많은 영국의 목회자들은 '임상신학'(Clinical theology)에 미치도록 심취하여 많은 사람들이 이 과정을 마쳤다. 심리학자이자 의사, 신학자인 프랭크 레이크(Frank Lake)는 출산 전 나타나는 방해요소인 히스테리와 우울증은 조현병(정신분열증) 및 피해망상증 등을 일으키게 할 수도 있다고 했다. 그림을 통해 본 그의 설명은 놀라움을 금치 못할 정도였다.[26] 자궁 안에서 생명이 자란다는 것은 우리가 예전에는 상상도 못했던 일이었다. 태아는 자궁 안에서 온갖 문제가 발생할 수 있는 문제투성이의 바다를 헤엄치고 있다는 것을 깨달았다. 프랭크를 통해 우리가 깨달은 것은, 출산을 준비하는 산모와 출산 과정

---

26) Frank Lake, *Clinical Theology*, London: Darton, Longman & Todd, 1966, Frank Lake, *Tight Corners in Pastoral Counselling*, London: Darton, Longman & Todd, 1981을 보라.

을 따라야 하는 태아, 둘 다 엄청난 위험에 처한다는 사실이다. 출산 과정에서 태아가 비좁은 코너로 밀려가는 동안 머리 위치가 잘못되면 산모나 태아 둘 다 심각한 위험에 처할 수도 있다. 이때 태아는 엄청난 고통을 느낀다. 이러한 고통 속에, 살아야 한다는 어린 태아의 의지는 죽고 싶을 정도의 절망으로 바뀌기도 한다. 이 같은 고통을 치른 후 작은 생명이 환한 빛과 시끄러운 소음으로 가득한 이 세상에 도착할 그때를 상상해 보라. 우리는 이 어린 생명이 느끼는 그때의 충격을 이해하지 못한다. 이 작은 생명은 태어나자마자 두 주먹을 불끈 거머쥐고 발을 꾸부리며 그 긴장감을 여실히 드러낸다. 엉덩이를 철석 때린 후 탯줄을 자른 다음 바로 옆에 놓인 불편하고 딱딱한 아기 침대에 눕힐 때 그 충격 역시 우리는 알 수 없다. 이렇게 갓 태어난 어린 생명이 잘못된 경우를 상상해 보라.

프랭크와 그의 동료는 출산중 산모의 심호흡이 고통에서 벗어날 수 있는 원천적으로 주어진 촉매활동의 요법을 재현하는 것일 수 있다는 것을 발견했다. 그의 치료법은 고통 받는 산모들이 임신 초기부터 출산까지의 매우 위험한 과정을 극복하는 데 도움을 주었다. 그는 영적 재출산, 즉 거듭나는 과정 역시 성령 안에서의 호흡과 치유의 기억을 통해 가능하다고 주장한다. 어떤 목회자들은 그의 이런 시도는 신프로이드학파(The Neo-Freudian), 로저학파(The Rogerian), 행동심리학파들(Behaviourist schools)과 더불어 생각해 봐야 할 문제라고 주장한다. 여기서 나는 이러한 시도들의 효과의 유무에 관해 논평하고 싶은 생각은 없다. 내가 중요하다고 생각하는 것은 거듭남의 과정에 대한 신학적 고찰이다. 그의 책들은 인격 장애뿐만 아니라 영적 여정에 관한 통찰력과도 결부되어 있다. 그는 출산과 거듭남의 묘사에 관련하여 요한복음 저자들이 규명하는 많은 이슈들을 강조한다.

미로에서 실종되다

한 생명이 자궁 밖으로 나와 다른 세상에서 산다는 것 역시 위험 투성이의 삶을 의미한다. 우리는 미로(迷路) 속에서 실종된 우리 자신을 찾기 위해 터널에서 벗어나야 한다. 이 경험은 정신질환을 앓고 있는 이들에게만 국한된 것은 결코 아니다. 오늘날 많은 사람들에게는 산다는 것 자체가 태어난다는 것만큼 고통스럽기도 하다. 우리의 서구 현대문화는 선택으로 사로잡혀 있다. 소외계층에게 선택은 쓰디쓴 비용을 지급하는 일이다. 그들은 단지 내일을 담보한 채 오늘을 살기도 한다. 쇼핑몰에서 눈을 유혹하는 값비싼 전자제품을 그저 뚫어지게 바라보기만 해야 하는 것과 같다. 이전 세대에서 우리는 우리가 만든 것에서 우리의 정체성을 발견해 냈다. 우리가 만든 것을 소유하는 그 선택이 곧 우리가 사는 방식이 되었다. 인간의 정체성은 상호 간의 의존을 통해 생산과정의 일부인 사람들의 집단에 따라 종종 이루어진다. 오늘날은 다르다! 경제는 소비주의에 따라 이끌려가고 있다. 내가 돈을 지급하고 사는 그 무엇이 곧 바로 나다(I am what I buy). 이러다 보니 우리의 욕망은 우리에게 필요하지도 않은 것들에게까지도 소비자가 되라고 계속 충동질한다.

그러므로 이렇게 변화무상하고 비지속성에 따라 주도되는 오늘날 문화에서 안전을 찾아 다시 자궁 속으로 돌아가고자 하는 바는 그리 놀라운 일이 아니다. 교회가 존재하는 일 중 하나는 바로 이 변화무상한 세상에서 두려움에 내몰린 자들을 찾아가는 일이다. 어떻게 보면 이들은, '문제투성이의 바다'(A sea of troubles) 한가운데서 사력을 다해 헤엄치며 구조를 요청하고 있다. 교회가 이러한 사람들에게 다가가 제공하는 따뜻한 소속감이나 안락한 평안은 이들이 다시 삶을 시작할 수 있게 마음을 끌게 하는 매혹적인 일이다. 다시 말해, 그들이 다시 돌아갈 수 있는 자궁과 같은 항구를 제공하는 일이다. 이런 과정을 치른 후 성도가 된 이들은 종종 변화를 거절하고 두려워한다. 그들은 자궁 안으로 다시 들어가 어둠에 갇히거나, 세상에 나가 살았던 예전의 경험처럼 또다시 세상으로부터 내몰리지는 않을까 염려한 나머지, 다시 태어나는 그 과정을 쉽게 받아들이지 못한다. 그들에게는 거듭난다는 그 자체가 두려움이기 때문이다.

복음서 2장에서 예수님은 예루살렘을 방문하셔서 특권과 권력의 장소인 성전으로 곧장 가셨다. 그리고 다시 5장에서 예루살렘을 방문하신다. 이번에는 그 지역 피난민들에게 다가서신다. 이곳은 성전에 어울리지 않는, 상처 당한 사람들을 위한 은신처다. 이 사람들은 장애를 가진 이들이요 권력에 밀려나 차별을 받는 이들이다. 그들은 정신적 육체적 장애를 심각하게 앓고 있는 사람들이다. 어떤 사람은 혼수상태로 바닥에 누워 있다. 특별한 목표도 없이 배회하고 있거나 절망의 미로 속에서 실종되어 자신들조차 잃은 사람들도 있다.

고고학적 고찰에 따르면, 실제로 예루살렘에서 커다란 연못과 이들이 거처한 곳으로 보이는 피난처를 발굴해 냈다. 여기 연못이 있다. 이 연못을 성스러운 곳이라 여긴 까닭은 유대인들과 그들의 신앙으로 시작된 것이 아니라, 미신을 믿었던 사람들이 숭배해 온 곳으로 알려졌다. 성전과 연못은 당시 서로 비교할 만한 가치가 없었다. 이 연못은 단지 삶을 포기하고 소망을 잃은 이들, 혹은 땅에 내팽개쳐진 소외된 사람들과 경멸당한 이들을 위한 장소였기 때문이다. 당대 권력으로 주축을 이룬 사회 속에서는 토론의 여지가 전혀 없었다. 그런데 흥미로운 것은 이 연못을 찾아가신 예수님의 행보다. 예수님이 언제부터, 어떠한 입소문을 통해, 이 연못과 그들 집단을 아셨는지, 당대 사회에서 버림받은 이곳을 친히 방문하셨다는 것이다. 복음서가 이 예수님의 흥미로운 행보를 소개한다. 예수님은 그 많은 장애인들이나 불치병에 걸린 이 무리 중 자그마치 38년 동안 줄곧 자리를 떠나지 않고 기적을 기다려 온 한 병자를 만나신다. 아마 고통스러워하는 이들 중 가장 고통스러운 사람이었을 것이다. 불행한 이들 중 가장 불행한 자, 가장 처참한 삶의 모델을 찾으신 셈이다. 복음서는 다른 이들에 관해서는 자세히 소개하지 않는다. 진 바니어(Jean Vanier)는 이 연못의 상황을 오늘날 상황으로 재현하여 이렇게 소개한다.

> 오늘날 많은 사람들은 피난민으로 전락한 것뿐만 아니라 절망으로 내몰린 모습이다. 마치 이 이야기에서 볼 수 있는 이들처럼 정신적인 고통으로 가슴이 마비된 것처럼 보인다. 그들은 우리가 사는 세상에서 벌어지고 있는 분쟁과 전쟁, 부패와 부정, 가난과 위선 등 이 모든 사회 부조리를 바라보며 어디로 방향을 틀어야 할지, 무엇을 해야 할지 알 수 없다. 한마디로 말해 그들은 소망을 잃었다. 다른 이들은 환영받지 못한다고 느끼며, 소외되어 무능하게 되고 만다. 그들이 사회로부터 내팽개쳐졌다는 그 사실 자체가 그들의 인생을 마비시키고 말았다. 이제 그들은 한없는 외로움과 말로 표현할 수 없는 걱정 때문에 자신들을 감옥에 가둔 상태가 된 셈이다. 이 세대에 들리는 말인즉, 수많은 젊은이들조차 제도화된 우리의 경쟁사회 속에서는 갈 곳이 없다는 것이다. 이러한 이유로 마약과 알코올, 폭력과 성을 통해 탈출구를 찾는다. 우리는 어떤 차원에서 두려움과 편견의 벽에 갇힌 상태이며, 다른 사람들과 무언가 나눌 것도 없고, 다른 사람들을 존경하고 사랑할 수 없는 상태에 놓인 것이다.[27]

자신의 세상에서 더는 옴짝달싹할 수 없는 한 병자를 만나 예수님은 물으신다. "낫기를 원하느냐?"(5:6). 이 사람은 다른 사람들로부터, 심지어 그를 도울 수 있는 자들로부터 전적으로 자신의 문을 닫은 상태다. 심각한 우울증 환자다. 그는 이 지긋지긋한 곳의 한구석에 팽개

27) Jean Vanier, *Drawn into the Mystery of Jesus through the Gospel of John*, London: Darton, Longman & Todd, 2004, 108쪽을 보라.

쳐져 있는 부서진 낡은 가구 중 하나일 뿐이다. 예수님은 이 병자에게 다시 태어날 수 있다고 도전하신다. 그러나 이 도전은 니고데모에게 요구하셨던 것처럼, 물을 통과하라는 식의 신학적이거나 복잡한 철학적인 요청이 아니다. 대신에 그 스스로 내팽개치고 포기한 세상 안으로 다시 들어가라는 도전이다. 오히려 연못을 뒤로 하고 떠나라는 도전이다. 다시 일어서서, 앞으로 살아가야 할 세상 역시 고달픈 세상일 수 있지만, 그 시간을 다시 받아들이라는 말이다.

친밀감

예수님의 '바로 나니라'(I AM) 하는 선언은 복음서 전반에 계속 반복되는 주제다. 예수님은 어디에서 와서 어디로 가는지 자신을 분명히 아셨다. 자신의 정체성이 분명하신 분이 바로 예수님이다. 이는 아버지 하나님과의 관계를 통해 오래 전부터 형성된 것이다. 더 나아가 예수께서 선언하신 '바로 나니라'(I AM)는 불타는 가시나무 덤불 속에서 하나님이 모세에게 말씀하시면서 하나님의 이름으로 주신 바로 그 신성한 이름 자체를 상기시키는 사건이기도 하다(출 3:13, 14). 예수님은 영원하신 하나님과 똑같이 자신을 동일화하신다. 우리는 예수님의 대제사장적인 기도에서도 그 정체성의 단면을 알아챌 수 있다.

예수께서 이 말씀을 하시고 눈을 들어 하늘을 우러러 이르시되 아버지여 때가 이르렀사오니 아들을 영화롭게 하사 아들로 아버지를 영화롭게 하게 하옵소서 아버지께서 아들에게 주신 모든 사람에게 영생을 주게 하시려고 만민을 다스리는 권세를 아들에게 주셨음이로소이다 영생은 곧 유일하신 참 하나님과 그가 보내신 자 예수 그리스도를 아는 것이니이다 아버지께서 내게 하라고 주신 일을 내가 이루어 아버지를 이 세상에서 영화롭게 하였사오니 아버지여 창세 전에 내가 아버지와 함께 가졌던 영화로써 지금도 아버지와 함께 나를 영화롭게 하옵소서(17:1~5).

　이러한 예수님의 정체성 주장은 그 반대파들과(8:58, 59) 동시에 그 제자들까지도 깜짝 놀라고 당황하게 한 사건이었다(14:5). 그분은 앞으로 다가올 세상을 위한 재창조를 위해 의도적으로 귀찮게 만드신다. 아버지와 더불어 하나가 되는 똑같은 정체성의 관계를 선언하신 후 모든 사람을 불러 모으신다. 그분 자신에게 나아오는 것은 곧 아버지 하나님께 나아오는 것이라는 말이다. 선한 목자와 같이, 예수님은 우리가 모두 그분의 음성을 듣게 될 것이며, 더 나아가 그분은 우리를 부르시되 우리의 이름으로 부르실 것이라고 비유하여 말씀하신다.(10:3, 4)
　바로 이 부분은 마리아에게 나타나신 주님의 부활 이야기보다도 더욱 아름답게 표현되었다. 마리아는 무덤 밖에 서 있다. 그녀의 눈은 근심으로 가득하다. 무너지는 가슴과 눈물로 이미 눈이 멀어 있다. 게다가 주님의 무덤은 약탈당한 상태다. 그녀는 무덤이 자궁이라는 그 사실을 깨닫지 못하고 있다. 예수님은 부활의 자유로 다시 태어나셨다. 하지만 마리아는 자신을 가둔 근심의 미로에서 길을 잃은 채 믿지 못하고 있다. 결국 주님이 그녀의 이름을 부르시자 그녀는 부활하신 주님을 알아본다! 그렇지만 그녀는 그분에게 매달려도 안 되고 다시 붙들어도 안 된다. 그렇게 한다면 그녀 자신의 발전과 부활하신 그리스도 둘 다 앞길을 막는 결과를 가져온다. 마리아는 예수님을 보내 드려야 하고, 자신 또한 자신의 삶을 살아야 한다. 이것은 자궁에서 나오는 모든 사람에게 해당하는 진리다.

확고한 위임

우리 집에서 가까운, 킹스버리 에피스콥(Kingsbury Episcope) 동리 천막에서 울려 퍼지는 설교는 클라이맥스에 도달했다. 전도자는 죄의 값은 사망이며 우리는 모두 죄인이라고 목소리를 높였다. 십대였던 나는 이렇게 외치는 그 말에 기분이 상했다. 한편 죄책감을 느끼기도 했다. 십대에 접어든 이후 나는 무언가를 찾고 있었다. 그렇다면 그 답변을 들었다는 말인가? 이 천막 집회에 함께 가자고 졸라 댄 내 친구는 내게 없는 그 무언가를 분명히 소유하고 있었다. 내 친구는 하나님이 누군지를 아는 듯했으며 하나님이 사실적인 분처럼 말했다. 그의 기독교는 흥분이 넘치는 삶의 모험처럼 보였다. 영원한 지옥을 피할 수 있는 그 대안은 나에게 그리 호감을 주지 못했다. 이러한 천막 집회의 메시지는 우리 지방의 감리교회 주일예배에서는 들어보지도 못한 그런 부류의 것이었다. 당시 성도들은 교회를 찾아 예배를 드리는 채플문화야말로 제도화된 교회가 보여줄 수 있는 이상적인 모임과 교제라고 믿었으며, 이러한 조직에 신앙의 초점을 맞추는 것이 유일한 신앙생활이라고 생각하고 있었다. 이러한 신앙의 틀이 십대 때 나의 인식이었다. 천막 집회를 통해 삶을 바꾸어 놓은 아주 매력적인 십대 소녀 두 명의 간증은 정말 감동적이었다. 이러한 간증은 나를 위해서였을까? 내 얼굴도 그 전도자처럼 빛날 수 있을까? 그는 누구나 그런 은혜를 받을 수 있다고 말했다. 당신이 할 수 있는 모든 것은 오직 "예수 그리스도를 믿고 거듭나는 것이라"고 강조했다. 그건 좋은 제안이었다. 그러나 그가 덧붙여 "당신은 그분께 다 털어놓고 고백해야 한다."고 말한 바로 그 대목이 내겐 문제였다. "이 중요한 단계를 치르지 않고 천막을 떠나지 마세요! 만일 오늘 밤 집으로 돌아가는 길에 누군가 당신을 때려 눕혀 죽이기라도 한다면 어떻게 할 건가요?" 우리 동리처럼 이렇게 조용한 곳에 트럭이 지나다 사람이 차에 치어 죽었다는 소리를 결코 들어본 적이 없다고 나는 혼자 중얼거렸다. 그는 다시 물었다. "당신의 영원을 어디에서 보낼 작정입니까?" 그의 질문은 계속되었다. "만일 당신이 구원받고 싶다면 기도해 드릴 테니 눈을 감은 동안 손을 드시오. 난 당신을 볼 수 있고 하나님도 당신을 볼 것입니다." 많은 사람이 손을 들었다고 생각했다. 왜냐면 그는 계속해서 말했기 때문이다. "난 당신을 보고 있습니다! 감사합니다! 축복합니다!" 난 눈을 뜨고 보고 싶었다. 세 명이 그 기도 모임에서 손을 들었다는 것을 알 수 있었다. 나중에 앞으로 나가 기도를 받고 전도 문서를 받는 모습을 보았기 때문이다. 그때 나는 손을 들고 싶었다. 드디어 마지막 날 천막 집회서 손을 들면서 내 삶의 새 출발을 알리는 계기가 마련되었다.28)

위에서 말한 이 사건은 내 인생의 방향을 완전히 바꾸어 놓은 종교 경험 중 하나로, 오래 전 일어난 일이다. 예수께서 말씀하셨다. "당신은 거듭나야 한다."(3:7) 이는 제자정신에 대한 첨가물이 아니라 오히려 기본 영양소다. 이것 없이는 하나님과 친분이 부족하고, 기독교 정체성 역시 불분명하다 할 수 있다. 그럼에도, 이는 확고하게 도장을 찍는 것처럼 단 한 번의 사건을 의미한다. 그것은 성령께서 우리가 다시 재정비하도록 허락하시고, 사명을 다하기 위해 우리를 새롭게 만드시는 지속적인 제자도 과정을 위한 전령으로 인도하는 셈이다. 만일 이 과정을 빠뜨린다면 고체 교회에서부터 액체 교회가 될 수 있는 변화는 있을 수 없다. 거듭남의 경험은 율법을 은혜로, 의무를 기쁨으로 바꾸며, 새로운 관점을 바라보도록 우리의 눈을 열게 한다. 예수 그리스도께서 제자들의 발을 씻기신 후 사명을 다하기 위해 준비한 그들에게, 부활하신 주님은 평화를 허락하시며 생명을 공급하는 당신의 성령을 내쉰다.

예수께서 또 이르시되 너희에게 평강이 있을지어다 아버지께서 나를 보내신 것 같이 나도 너희를 보내노라 이 말씀을 하시고 그들을 향하사 숨을 내쉬며 이르시되 성령을 받으라(20:21, 22)

28) 내 일기의 일부분이다.

이런 일이 실제로 우리에게 나타날 수 있을까? 만일 우리가 요한복음을 읽고, 약속하신 성령으로 말미암아 다시 새로워질 수 있다는 가능성을 믿고 우리 자신을 솔직하게 열 수 있다면 그런 일은 얼마든지 가능하다. 그러니 당신의 바쁜 삶 속에서도 기도와 묵상과 명상을 통해 성령의 자리를 만들어 드리라. 바람처럼 임하시는 성령께서 당신 속에 새 생명을 불어넣을 수 있도록, 확신으로 안식을 찾아라. 결코 다른 이들과 불화를 조성하거나 몸부림치지 말라. 그리하면 '생명의 강물'이 솟아날 것이다. 온유하신 성령께서 정체성과 목적을 주시며 비둘기처럼 강림하실 것이다. 이러한 사건은 당신의 교회에도 똑같이 적용된다. 하나님의 은혜가 당신의 삶을 어루만지게 허락하라. 성령께서 처음부터 당신 안에서 일하신다는 사실을 기억하라. 지난날 함께하신 하나님의 은혜로운 행위들이 당신의 현재와 미래 속에 열매를 맺을 것이다. 한때 당신이 물로 세례를 받은 것처럼, 성령께 세례를 받게 될 것이다.

에너지

출산 과정에서 양수가 터지고, 베드로가 해변에서 예수님을 나중에 알아챈 것과 마찬가지로, 우리는 신비로움과 가능성으로 가득한 성례전의 바다에서 헤엄을 친다(21:1~11). 새벽이 밝아오면 빛의 에너지가 발산된다. 본문 31쪽에서 살펴본 것처럼, 우리는 이미 에베소교회 성도들이 그들의 행위와 사역, 그리고 인내를 인정받는 모습을 보았다. 그럼에도 그들은 그들의 '첫사랑'을 버렸다. 율법이 은혜를 대신하자, 성도들은 성령의 바람이 교회의 배(Ecclesiastical ship) 돛을 올리고 바다를 항해하게 허락지 않고, 갖은 애를 쓰며 노를 저었지만 녹초가 되고 말았다. 교회를 이끌고 가는 에너지를 잃어버린 상태다. 에베소교회에 보낸 기도를 보면 그리스도인들의 에너지 지원을 상기시킨다.

> 우리 가운데서 역사하시는(*Energoumenen*)29) 능력대로 우리가 구하거나 생각하는 모든 것에 더 넘치도록 능히 하실 이에게 교회 안에서와 그리스도 예수 안에서 영광이 대대로 영원무궁하기를 원하노라 아멘(엡 3:20, 21)

우리가 사용하는 '에너지'라는 말은 그리스어로 '하나님이 우리 가운데 일하신다.'는 표현임을 주목하라. 성령으로부터 그리스도 안에 뿌리를 깊이 내린 상태를 포기할 때 우리는 에너지를 잃는다는 것을 의미한다.

서구의 교회들이 성도들을 잃고 있을 때 가난한 나라의 교회들은 놀라운 비율의 성장세를 기록하고 있다. 1900년에 아프리카 그리스도인들은 1천만 명 정도였으나 지금은 4억 명으로 증가했다. 2025년까지 26억 명에 도달할 것으로 예상하는데, 그 중 18억은 아프리카와 아시아, 남미의 성도들이 될 것으로 예측하고 있다. 여전히 영국에서도 새 생명 탄생의 경험은 일어나고 있다. 2000년에 일어난 이 한 사건을 소개한다.

수(Sue)는 런던 동부에서 가난하고 어렵게 자랐다. 변호사가 되기 위해 온갖 고생을 치르면서 겪었던 자신의 결혼과 가족들의 죽음, 세 번에 걸친 유산의 경험 등을 그녀는 털어놓는다. "내가 경험한 정서적 고통이란 내 손으로 만져 볼 수 있을 정도로 혹독했다. 이는 전적으로 잃어버린 나

---

29) "우리 가운데서 일하시는(*Energoumenen*) 능력을 따라, 우리가 구하거나 생각하는 것 이상으로 더욱 넘치게 주실 수 있는 분에게 …(새번역)", "힘차게 활동하시면서 …(공동번역 개정판)"(역자 주)

의 시간이다. 나는 이 상황을 헤쳐 나가려고 내 경력이 허락하는 한 최
대한의 노력을 쏟아 부었다. 몸을 추스르며 장거리 달리기를 하려고 했
다. 내가 살아남을 수 있었던 것은 아이러니컬하게도 내 속에 아직 남아
있는 내면의 힘과 사랑을 내 사랑하는 이들에게 베풀었기 때문이었다.
이러한 시점에 도달하기까지 내 가족 중 누구도, 내 친구 중 누구도, 그
리스도인은 없었다. 내 삶 가운데 기독교의 영향이란 것은 그 어디에서
도 찾아볼 수 없었다." 그런 후 그녀는 가족과 함께 영국 남서부 안도버
(Andover) 근처 어느 작은 마을로 이사를 했다. 그날은 월요일 저녁으로
집수리 중이었다. 그날 저녁 그녀를 마을 안으로 인도하는 어떤 이끌림
이 있었다. 그녀는 찬송을 부르고 있는 어느 작은 감리교회 밖에서 발걸
음을 멈추었다. 추수감사 세일 품목들이 교회 게시판에 붙어 있었다. 그
녀는 말했다. "내가 어떻게 해서 페인트를 칠하던 그 옷을 입은 채 교회
안으로 발길을 옮겼는지 알 수 없었답니다. 한 시간 반이 지나 내 팔에는
애호박으로, 내 가슴에는 그리스도를 가득 채워 교회를 나왔답니다. 나
는 빈손으로 들어갔지만, 모두를 얻고 나왔답니다."[30]

그녀는 지금 목회자 훈련 중이다. 그녀는 그녀 앞을 지나간 수천 명
의 다른 이들처럼, 그녀 생애 가운데 양수가 터지는 경험을 했다. 하
나님으로부터 나오는 새 생명을 얻게 된 것이다.

질문 /

1. 이 장에서 묘사된 성령 안에서의 '거듭남'의 경험이나 '세례' 가운데, 당
   신의 가슴에 울려오는 지난날의 경험을 다시 불러오라.(만일 그룹묵상중이
   고, 또 함께 나눌 수 있다고 확신한다면 다른 이들과 함께 서로의 경험을 나누라.)

---

30) 수 고울링(Mrs. Sue Gowling) 여사와 나눈 대화의 일부분.(역자 주)

2. 오래된 교회를 섬기는 성도들과 목회자들은 하나님을 위한 그들의 에너지와 열정이 식거나 사라질 수도 있다. 왜 이런 일이 일어난다고 생각하는가?

3. 이 장에서 묘사한 어떠한 변화가 당신의 교회와 그룹 가운데서 새로운 기대와 쇄신으로 도전받아야 한다고 생각하는가? 당신의 교회나 그룹이 하나님을 위한 열정을 다시 새롭게 깨닫고 도전받을 수 있도록 어떠한 경험을 나누고 싶은가?

기도

주님, 나의 삶 가운데 무언가 잘못되었나이다.
나는 영적으로 따분한 자가 되었나이다.
더는 당신의 성령을 느끼지 못하고 있나이다.
기도에 대한 의욕도 사라졌나이다.
성경공부나 복음을 전하는 증언 사역에도 의욕을 잃었나이다.
나는 나의 영적 기업을 상실했나이다.
한때 내 영혼 속에 불탔던 그 불길은 도대체 어찌 된 것이옵니까?
이해를 넘나드는 그 평화는 어디에 있나이까?
한때 내가 실천했던 그 사랑은 어디에 있나이까?
나의 가슴은 열정이 떠난 채 차가워졌나이다.
나의 영혼은 생동감을 잃은 채 무력하게 되었나이다.
나의 마음의 문은 굳게 닫힌 듯하나이다.
나의 경건은 싸늘하게 식은 채 생명이 떠난 듯하나이다.
성령이시여, 다시 내게 임하소서!

다시 나에게 새 생명을 불어 넣어 주소서!

생명이신 당신의 물길을 다시 내게 허락하소서!

내 존재의 심연을 찾으시어 물꼬를 터뜨려 주소서!

다시 태어나 사랑하는 사람이 되고 싶나이다.

나를 도우소서!

아멘.

4장

망가진 교회들

Broken
churches

하나님은 스스로 연합 안에서 일하시는 다양성으로 우리 앞에 다가오신다. 하나님은 또한 우리가 연합 가운데서 다양성을 흔쾌히 용납하며 하나님의 일에 매진하기를 바라신다. 하나님은 우리의 교회가 하나가 되기를 원하시며, 동시에 다양성을 실습하기를 원하신다. 당신은 자신의 교회를 넘어 더 멀리 바라보라. 교회 밖에 있는 다른 어떤 이들 중에 당신과 더불어 일하고 싶어 하는 이들이 있는지 멀리 바라보라. 당신은 그들과 함께 선교의 동반자가 되는 길을 모색하라.

데이비드가 교회를 떠나자, 교회에 남아 있는 이들은 안도의 숨을 내쉬었다. 지난 2년 동안 한 교회 안에서 이어 온 긴장과 분쟁은 쉽게 끝날 것 같지 않았다. 두 부류 사이에 계속된 기나긴 줄다리기식 논쟁의 마지막은 생각지 않게 그리 극적이지 못했다. 데이비드는 그와 뜻을 함께한 지지자들을 데리고 갈라서기 이전에, 주일 오전예배 시간을 마지막으로 다시 한 번 교회의 판단에 맡기기로 하였다. 성도들 중 몇몇 터줏대감들은 그 고통스러운 시간을 보고 싶지 않아 의도적으로 슬그머니 몸을 피했다. 감사한 일이라고 말할 수 있을지 모르겠으나 염려했던 충돌은 없었다. 데이비드와 함께 뜻을 모은 20여 명의 그룹은 결국 주일 날 교회에 나타나지 않았다. 그렇지 않아도 적은 인원의 교회가 대폭 감소하다 보니 회중은 그야말로 초라하기까지 했다. 예배를 드리면서도, 따로 갈라서야 하는 그런 충격적인 순간을 서로 쳐다보며 슬퍼해야 할지 기뻐해야 할지 몰랐다. 예배는 담임목사가 인도했다. 혹시 나간 이들이 갑자기 문을 열고 들이닥칠까 봐 성도들은 예배 도중 연신 정문을 바라보았다. 하지만 별 탈 없이 예배는 끝났으며 긴긴 논쟁은 이렇게 그 막을 내리고 말았다.

'방언'과 '토론토 블레싱'(Toronto Blessings)31) 문제가 교회 안에 불거지면서 교회는 둘로 쪼개지고 말았다. 데이비드의 하우스 그룹이 수적으로 증가하던 중, 진정한 사도적 목회 사명을 감당해야 한다고 주장하는 어떤 그룹 멤버였던 친구가 데이비드의 하우스 그룹을 방문하면서 이 그룹은 더욱 힘을 얻게 되었고, 결국 심각한 문제가 불거져 나왔다. 지난 몇 달 동안 이 그룹은 담임목사에게서 심각한 비평거리를 찾아냈다. 성경에 관한 그의 '진보적 해석'이 데이비드와 이 그룹을 화나게 했던 것이다. 그리고 담임목사가 설교 시간에 그룹이 제기하는 예민한 이슈에 공개적으로 반론을 제기하면서 결국 서로 맞닥뜨리고 말았다. 이 사건 탓에 둘 사이가 양극화하는 것은 불을 보듯 뻔했다. 이 문제를 진정시키기 위해 교회 내 잠정적인 묵상 기간을 선포했지만 실패하였다. 그리하여 최종적으로 갈라서는 길로 치닫게 된 것이다. '거듭나는 것'과 '성령세례'를 체험한다는 것은 항상 이 같은 비극적 결과를 피할 수 없다는 말인가? 새 포도주는 항상 오래된 가죽 부대를 터뜨리게 할 수밖에 없다는 말인가?

가정 분란

2장에서 우리는 교회가 '신당'으로 전락한 나머지 결국 냉각된 종교 분위기 때문에 죽음에 이르는 병치레를 하는 모습을 보았다. 이러한 과거의 역사를 통해, 우리는 '액체 교회'가 되기를 거절하는 교회 전통이 때로는 폭발할 정도의 위험한 가스를 내뿜을 수 있음을 들여

---

31) 1994년 토론토 공항에서 시작된 카리스마 성령운동. '아버지의 축복', '기름부음', '각성', '강과 불' 등 이미지를 부각한다. '엑스터시 워십'을 강조하여 쓰러짐과 진동, 외침과 거룩한 웃음 등 현상들이 따른다. 이 운동에 대한 교계의 찬반은 엇갈린다. (자료: Wikipedia)(역자 주)

다보았다. 오늘날 역시 하나님의 교회가 찢어지고 분리된 후 얼마든지 갈라서는 극단을 가져올 가능성이 있다. 이러한 현상은 요한의 교회 속에서도 늘 문제가 되었던 바, 교회 내 건강한 제도와 조직의 부족 현상을 그 이유로 들 수 있다. 영적으로 충만한 그룹이 그들이 출석하던 교회에서 떨어져 나가야만 했던 그 심각한 원인을 우리는 깊이 들여다보아야 할 것이다. 마치 엄하게 꾸짖는 아버지와도 같은 부모 교회의 지도자들은 그들의 영적인 자녀를 끌어안고 품는 시도를 했어야 했다. 이러한 슬픈 환경을 되돌아보게 하는 세 개의 서신이 요한의 이름으로 바쳐졌다. 3인칭으로 쓰이기는 했지만, 다음의 본문 속에서 '그들'(They)을 바로 '당신'(You)으로 삽입하여 다시 읽기를 바란다.

아이들아 지금은 마지막 때라 적그리스도가 오리라는 말을 너희가 들은 것과 같이 지금도 많은 적그리스도가 일어났으니 그러므로 우리가 마지막 때인 줄 아노라 그들이 우리에게서 나갔으나 우리에게 속하지 아니하였나니 만일 우리에게 속하였더라면 우리와 함께 거하였으려니와 그들이 나간 것은 다 우리에게 속하지 아니함을 나타내려 함이니라 너희는 거룩하신 자에게서 기름 부음을 받고 모든 것을 아느니라 내가 너희에게 쓰는 것은 너희가 진리를 알지 못하기 때문이 아니라 알기 때문이요 또 모든 거짓은 진리에서 나지 않기 때문이라 거짓말하는 자가 누구냐 예수께서 그리스도이심을 부인하는 자가 아니냐 아버지와 아들을 부인하는 그가 적그리스도니 아들을 부인하는 자에게는 또한 아버지가 없으되 아들을 시인하는 자에게는 아버지도 있느니라 너희는 처음부터 들은 것을 너희 안에 거하게 하라 처음부터 들은 것이 너희 안에 거하면 너희가 아들과 아버지 안에 거하리라(요일 2:18~24)

가족 간의 말다툼은 극도에 달했다. 다음 장에서 살펴보겠지만, 그리스도인들이 유대인들에 의해 마지막으로 회당 출입이 금지되면서,

가장 쓰라린 사건으로 남는다. 하지만 극도의 흥분으로 대립하는 경지까지는 도달하지 않은 듯하다. 유대인들과 그리스도인들은 여전히 서로 대화하는 상태다. 가족 간의 불화는 집안 문제다. 요한의 서신들은 집안에서 무슨 일이 일어나고 있는지 우리가 창문 틈으로 들여다볼 수 있도록 허락한다.

　　당시 경쟁자처럼 등장한 모든 액체 교회는 성령의 기름 부음을 받아 '사랑받은 제자'의 전통을 해석하고 따른다고 주장했던 것처럼 보인다. 더 젊고, 더 유연한 교제는 미래를 향해 달음질치기 위해 그들의 영적 근육을 더욱 유연하게 풀어 주고 있었다. 그들은 '사랑받은 제자'와 개인적으로 연줄을 가진 나이 든 이들에 의해 그들의 교회가 검문소가 되는 것을 더는 참을 수 없었다. 부모 교회를 떠나는 탈피 그룹들은 약속하신 성령께서 그들을 모든 진리로 이끌 수 있을 거라 믿었다. 심지어 예수 그리스도를 통하지 않아도 곧장 하나님께 다가갈 수 있다고 믿었다. 그들의 영적인 기름 부음 받음이 그들을 새로운 자유로 인도하고 있다고 믿었다. 하여 그들 자신들의 식으로 새 살림을 꾸리기로 마음먹고 집을 떠났다. 신약성경은 영적 자만심의 물결에 이끌려 집을 나간 이들을 일컬어 '분리주의자'(Secessionists)로 간주한다. 후기 교회는 그들에게 영지주의(Gnosticism)[32]와 가현설(Docetism)[33], 몬타누스파(Montanism)[34] 등 여러 가지 '이단'이라는 상표를 붙여 선반에 진열해 놓는다. 요한복음의 뿌리는 가지치기하지 않은 포도나무처럼 가지에 가지를 뻗어 결국 잎을 무성하게 만들었다.

---

32) 헬레니즘 시대에 유행했던 종파의 하나로, 기독교와 다양한 지역의 이교 교리(그리스, 애굽 등)가 혼합된 모습을 보인다. (편집자 주)
33) 지상의 그리스도는 천상의 영적 실재자로서의 그리스도의 환영이라는 2세기경의 설. (편집자 주)
34) 157년경 프리기아의 예언자 몬타누스가 시작한 종교운동에서 비롯된 그리스도교의 이단 종파. (편집자 주)

마태와 누가, 사도행전, 목회서신에 의해 서술된 신약성경의 다른 주류 교회들은 나름대로 그들이 정한 규칙을 적용하여 교회를 운영하였다. 사도적 전통의 검열과 균형, 특정 관료들의 공식인정 및 '건전한 교훈'(Sound teaching) 등 규정들을 포함하면서 당대 교회 시스템을 위한 시리즈를 발전시키고 있었다. 이러한 방어벽들은 외부의 공격과 내부의 영적 혼란을 방지하기 위한 방편이기도 하였다. 다른 한편, 이러한 그들의 노력은 자신들을 위한 또 하나의 제도적 상자를 만들고 있었다. '사랑받은 제자'의 역동적인 전통에 근거한 밑그림을 그리면서도, 동시에 요한복음 저자들은 다른 루트를 선택한 셈이다. 그들은 전에 한 번 그랬듯이, 예수님께 대한 충실한 헌신을 중심에 둔 교회의 관계 모델을 미래의 그리스도인들에게 전해 주고 싶었다. 그들에게 승천하신 예수님은 위로자(Comforter)이신 '다른 자신'(성령)을 통해 일일이 양 떼를 돌보시는, 생기를 주시는 현존이셨다. '상자'가 없었기 때문에, 공동체의 안정성은 오로지 사랑 안에서 서로 유대감을 형성할 수 있는 성도들에게 좌우되었다. 하지만 불행하게도 영적인 자녀가 그들의 부모를 제대로 알지 못해 맹종하거나, 혹은 단절하는 경향은 항상 있게 마련이다. 우리의 자녀가 결정하는 선택이 때로는 나이든 다른 가족들을 당황하게 하기도 한다.

그런데도 복음서 저자들은 그들 교회에 큰 기대를 걸고 있다. 세상이 그들을 핍박할 것임을 알고 있다. 하지만 위로자(Paraclete)께서 늘 지켜 주실 것이라고 믿는다. 가족들이 서로 사랑하는 한 그러한 어려움은 극복해 낼 것이라고 믿는다. 하지만 불행하게도, 우리 주님의 "그들을 하나가 되게 하소서."라는 간곡한 청원은 충분히 받아들여지지 못한다. 우리는 복음서 본문 그 자체 내에서 당혹스러워하는 모습을 엿볼 수 있다. 예를 들자면, 어느 누가 감히 성만찬을 앞에 놓고 문제를 제기하여 시시비비를 가리자는 그런 무례한 논쟁을 허락하였는가? 어느 누가 전도자들의 성만찬 해석을 용납할 수 없다고 해서 교회를 탈퇴하는가(6:66)? 10장에 이런 문제가 발생하자 도망치는 하수인들은 도대체 누구인가? 그들은 '도둑'이며 '강도'라고 묘사된 9장 40절의 미래 회당지도자들이 아니다. 그렇다면 이 '하수인들'은 다른 우리(Fold)에 속한 양들의 지도자들인가(10:16)? 분명히 언급한 이 '우리'라는 말은, 저자들이 생각하기를, 제도로서의 '상자'를 초월할 수 있다는 것을 은연중에 의미한다.

그러나 거기에는 또 다른 부차적인 난제가 있다. 한동안 세례 요한의 제자였던 이들 중 어떤 이들은 그리스도를 따라나섰지만, 다른 이들은 그 부류에 들어갈 수 없다며 거절하였다. 세례 요한의 남은 제자들, 곧 그 후자에 해당하는 이들은 에베소에서 마치 경쟁자처럼 맞수로 등장하면서 그들만의 가게(교회)를 차렸다고 볼 수 있다. 에베소에 거주하는 이 세례 요한의 남은 제자들을 향해, 물세례로부터 성령세례로 넘어갈 수 있도록 설득하는 바울의 간곡한 심정을 사도행전에서 엿볼 수 있다(행 19:1~7). 아마도 모두를 설득시키기란 그리 쉽지 않았을 것이다. 하지만 에베소 교회들 안에 변화의 물결이 일어나도록 시도한 셈이다. 우리는 요한복음의 웅장한 서사시 같은 광대한 우주적 서론이 어떻게 세례 요한이 등장하면서 그 흐름이 저지당하는지 이미 보았다(1:6~8). 세례 요한은 또한 여전히 서장들 가운데 자주 드나든다(1:19~34; 3:22~30; 4:1~3; 5:33~36). 그는 그가 말한 대로 속히 물러나야 함에도 주님께 헌신한 추종자들을 상대로 활동을 재개하고 있는 것처럼 보인다. 이는 세례 요한이 무대를 두고 떠나기가 그리 쉽지 않았다는 것을 대변이라도 하는 듯하다.

요한의 초교파적인 꿈

지난 교회의 역사는 분열과 이념주의, '부서진 상자' 등을 쓰레기로 처리해 버렸다. 요한복음 저자들이 짜 놓은 교회 양식을 보면, 만일 교회가 생존하기를 바란다면 늘 무언가 다른 부차적인 것이 요구된다고 여겼다. '액체 교회'를 시작하는 것은 든든한 결속을 꾀하든가, 아니면 산산조각이 나듯 부서질 수도 있다는 우울한 예측이 따르는 일이다. 조직이 살아남느냐, 아니면 증발하느냐 하는 선택으로 보인다. 지상의 교회는 늘 신데렐라처럼 누더기 옷을 입은 채 추하고 더러운 비방의 대상이 될 수도 있다. 이것은 자연스러운 일이다. 오로지 참고 믿음으로 걸레질하고 있는 신데렐라가 결국 공주가 되는 것처럼, 감추어진 그리스도의 신부인 교회 역시 마찬가지다. 여기서 중요한 것은, 요한의 교회들이 치르고 있는 고통스러운 진화의 과정을 통해 '고체 교회'나 '액체 교회' 모두 다 서로 필요하다는 사실을 보여 준다. 하나는 안정성을, 다른 하나는 친밀성을 제공한다.

우리는 복음서의 마지막 장에서 흥미로운 한 장면을 본다. 모든 종류의 고기를 끌어 모아 찢어질 듯한 그물, 하지만 그물은 찢어지지 않는다. 그 묵직한 그물의 이미지를 소개함으로써 우리가 함께 힘써야 할 화해를 이미지화하고 있다(21:11). 또한 '사랑받은 제자'와 베드로가 상호보완적인 목회를 해야 한다는 것을 보여 준다. 요한이 차분하고 '통찰력' 있는 목회를 할 수 있다면, 베드로는 '행동파'(Action man)이기에 실천이 따르는 목회를 할 수 있다는 점을 시사한다. 요한이 묵상하고 있을 때 베드로는 점프한다. 묵상파가 옳고 행동파가 잘못되었다는 말이 결코 아니다. 묵상파나 행동파나 둘 다 보완적이요 필수적이라는 말이다.

훗날 이러한 요한복음이 품은 교회의 꿈은 어떤 결과를 불러왔는가? 학자들은 제각기 다른 답변을 한다. 어떤 면으로 볼 때, 그들이 뿌린 신학적 씨앗은 더욱 견고하고 조직화되어 교회 정원에 뿌려졌다고 평가한다. 그들이 신학적 통찰력을 상실한 것이 아니라, 훗날 '위대한 교회'(Great Church)라 불리는 그 특유한 결과에 영적 이바지를 한 셈이다.

담과 우물

교회를 규정하는 두 가지 흥미로운 방법이 있다. 교회의 중심부에서 그 규정을 시작할 수도 있고, 그와는 달리 교회의 가장자리에서 시작할 수도 있다. 만일 가장자리에서 교회를 규정하고자 한다면 누가 교회 안에 있는지, 또 누가 교회 밖에 있는지 합리적인 아이디어를 가진 셈이다. 교회는 분명히 하나의 닫힌 상자(A closed box)와도 같다. 교회가 독점적인 클럽이 아닌 이상 항상 환영할 수 있다. 그럼에도 내면에 속한 자, 즉 '인사이더'(Insider)가 되기 위해서는 어떤 부류의 시험을 치러야 한다. 그렇게 되자면 아마 무언가를 선언하고, 신앙고백서를 외우며, 등록명부에 서명하고, 의무나 규칙 등 조항에 동의하든지 혹은 간증 등이 요청될 것이다. 세례를 받고, 견신례(학습)를 치르며, 정식 멤버가 되고, 또한 안수식을 치르는 절차 등을 요구하기도 한다. 이러한 요청들은 당신의 배경이 무엇이며, 당신이 누구인지, 그러한 정체성을 파악하는 절차로 볼 수 있다. '남자'일 경우 쉬울 수도 있고, 혹은 백인일 경우, 혹은 그룹(교회) 안에 당신을 잘 아는 어느 누군가 있다면 거추장스러운 그러한 조건 없이 '곧장' 통과하여 '내부'(In)로 들어가 한 조직의 일원이 될 수도 있다. 당신이 넘어서는 그 '선'(Line)이란 미묘하게 그려진 것으로, 어마어마한 장애가 존재하지 않을 것이란 인상을 항상 준다. 다른 교회들은 다른 방법으로 그것을 행한다.

16세기 개신교 개혁자 중 한 사람인 존 칼빈(John Calvin)은 교묘하지 않았다. 그는 하나님이 어떤 이를 위해서는 구원을, 다른 어떤 이를 위해서는 정죄를 예정하셨다는 데에 단순히 논쟁했다. 예수께서 제자들에게 말씀하신 것처럼, 제자들이 그를 선택한 것이 아니라 그가 제자들을 선택하셨다는 칼빈의 논쟁 힌트를 요한복음 안에서도 엿볼 수 있다(13:18; 15:16). 우리는 "내가 곧 길이요 진리요 생명이니 나로 말미암지 않고는 아버지께로 올 자가 없느니라"는 독점적인 본문을 만나기도 한다(14:6). 이 본문은 한때 교회와 회당 사이에 경계선을 긋는 데 사용되었을 수도 있지만, 이어서 바로 그 선언이 모든 종류의 신학적 담장을 치는 기초공사 자재가 된 셈이다. 교회 지도자들은 마치 관료적 교회의 경찰이라도 된 듯 어깨에 힘을 주어 무거운 위엄으로 경비 순찰을 하였다. 이러한 접근의 장점은 인사이더들은 누구며 아웃사이더들은 누군지, 그리고 그들이 서 있는 곳이 어딘지를 확연하게 구별해 준다. 이러한 관료적 담 쌓기의 수고 덕분에 부차적인 이점을 찾을 수 있었다. 어떤 문제가 발생했을 때 이러한 담장들이 안에 속한 이들을 보호하고 지키는 든든한 '담벼락'(Walls)이 된 것이다.

우리가 믿는 바, 선한 목자이신 예수님의 목회는 우리(Fold) 안에 있는 그의 추종자들을 안전하게 지키기 위해 출입구를 경계하시는 일로 이해한다. 그럼에도, 그분은 '상자' 안에 있는 양 떼들뿐만 아니라, 상자 밖에 있는 다른 양 떼들을 향해서도 눈을 돌리신다. 요한복음의 저자들이 꾸는 꿈은 이렇다. 언젠가 둘을 갈라 놓은 담장들이 사라지고, 한 목자 아래 한 양 떼를 돌보는 그날을 염원하고 기다리는 거시적인 꿈이다.

이 복음서 저자들은 우리가 제도적 교회를 제대로 규정할 수 있도록 돕는 차원에서, 교회의 가장자리에서 시작할 것이 아니라 교회의 중심부로부터 규정하라는 의미에서 '우물'(Wells)을 제시한다. 만일 우리가 교회 주변을 바퀴로 하고 교회 내부를 중심부로 한 거대한 자전거 바퀴 그림을 그릴 수 있다면, 그 바퀴의 중심부는 '우물'(Well)이요, 변두리는 '담장'(Wall)이 될 것이다. 예수님은 우물가 변두리에 있는 아웃사이더만을 향해 말씀하시는 게 아니라, 우물의 중심에서 솟아나며 마르지 아니하는 '원천'(Well-spring)이신 '생명수'(Living water)로 자신을 비유하신다(7:37 하). 우리가 자전거 중심축으로부터 교회를 규정할 때 밖으로 뻗어 나가는 바퀴살을 보게 된다. 그 바퀴살은 멀리까지 뻗어 나가기 때문에 중심축에서 먼 불확실한 주변까지 눈을 돌릴 수 있게 된다. 하지만 그 변두리는 중심부로부터 아주 멀리 떨어져 있을 수 있기 때문에, 누가 안에 있는지, 동시에 누가 밖에 있는지를 파악하기란 쉽지 않다. 그럼에도 이러한 유형의 교회는 가능한 모두를 진정으로 포용할 수 있다. 중요한 것은, 당신이 '마르지 않는 원천' 혹은 '중심부'에 더욱 가까울수록 더욱더 신실한 그리스도인이 된다는 사실이다.

사마리아인들을 위한 우리 주님의 목회는 바로 샘의 근원에서부터 시작하여 우물 밖에 사는 많은 사람들까지도 만날 수 있는, 그러한 목회 방식을 보여 주는 좋은 예가 된다. 한 외로운 여인이 동리 우물가로 나와 예수님을 만나면서 회심은 시작된다. 생수를 마시는 경험을 한 그녀는 그 자신을 달갑지 않게 생각하는 그녀의 동리로 들어가 자신의 간증을 나눈 덕분에 온 동리 사람들이 생수를 마신다. 그리하여 예수께서 세상의 구세주가 되심을 믿는다. 예수님은 교회 출입 조건을 위해 까다로운 시험을 제출하시기보다는 오히려 사마리아인들처럼, 그들 식으로 길을 찾도록 그대로 두신다.

슬프게도 요한의 교회들은, 회당에서 유대 그리스도인들과 오랫동안 함께해 온 유대인 친구들 사이에서 벌어진 심각한 말다툼 속에 사마리아인들을 개입시킨다. 사마리아인들을 상대로 소위 회당 출입 금지령을 촉발시키는 '마지막 의사타진'(Final straw)을 보는 듯하다. 여기서 보는 바, 심지어 이처럼 '우물'과 함께 '담'에 걸려 넘어지기도 한다. 그럼에도 만일 우리가 교회를 '우물'로 정의하면서, 어떤 종류의 특별한 자격을 요구하지 않는다고 한다면, 이러한 우리의 처신은 천진난만한 모습이 되는 셈이다. 선을 긋는 가장자리 없이 어찌 그리스도인들과 비그리스도인들이 서로 다르다는 것을 정의하겠는가? 이런 차원에서 복음서는 '이적'(Sign)이라는 용어를 사용한다. 요한복음이 제시하는 기본적인 시험들은 이렇다. "그리스도인들이여, 서로 사랑하라"(15:12), "열매를 맺으라"(15:8), "우리와 함께 지내자"(요일 2:19) 등이다. 이런 식으로 교회를 정의함으로써 담장을 낮추어 교회를 운영할 수 있는 엔지니어를 요청한다. '우물'을 가리키는 표지판들을 세우는 수고가 높은 '장벽'을 쌓는 것보다 유지하기가 더 수월하다. 어떻게 보면, 요한복음은 '상자 너머의 교회'(A Church beyond the box)를 규정하려고 과한 요구를 하는 중이다.

초교파주의와 교회법 수리 작업

존 맥콰리 교수(John Macquarrie)는 1975년 '기독교 연합과 기독교의 다양성'(Christian Unity and Christian Diversity)이라는 글을 통해 그의 시대의 초교파 비전으로 예언적 비평을 제시하였다. 그가 말한 대로, 오늘날 우리의 문화가 더 한층 액체화되어 가고 있는 만큼 이 시대는 더욱 더 액체화에 대한 요청이 절실하다. 그에 따르면, 아웃사이더들은 많은 교파 때문에 헷갈려 교회 안으로 들어가지 못하고 밖에서 서성이고 있다면서, 초교파적 신비를 벗겨 내야 한다는 것이다. 그는 "분열의 진짜 사악함은 다양성이 아니라, 교파 간이나 한 교회 구조 안에서 생긴 냉소주의와 사랑이 없는 매정함 때문에 함께 갈 수 없게 하는 데에 있다."고 말한다. 같은 교파에 속한 한 지방교회의 경우라 할지라도, 교회 안에서의 긴장은 이 책의 서장에서 이미 그 예를 찾아본 것처럼 양극화는 서로 갈라서게 하는 긴장을 가져올 수 있다는 말이다. '동성애 감독' 도전과 씨름 중인 전 세계 성공회교회 안에서 일어나고 있는 그 일 역시 이러한 한 예로 볼 수 있다. 그러니까 내 말은 이렇다. 교회를 운영하기 위해 우리가 '담'을 선택하든지, 혹은 '우물'을 선택하든지 간에 그 선택은 우리에게 주어져 있다. 맥콰리는 만일 우리가 교회 차원의 합병 시리즈를 통해 기독교의 냉소주의를 극복할 수 있다고 생각한다면 이는 허울뿐일 것이라고 말한다. 그러면서 이러한 이슈가 분명히 교회 관료적 권력에 관한 것이라고 말할 때 이 문제의 심장부로 다가서는 것이라고 말한다.

> 혹자가 두려워하는 바, 교회와 초교파 운동의 가장 염려되는 특이한 모습 중 하나는, 최근 몇 년간 교회의 계급주의가 놀랍게 성장하는 동안 교구 내에서의 실제 생활은 아주 미약하게 접촉을 유지하고 있다는 점이다.[35]

맥콰리처럼, 하나님은 '유기체적 연합'(Organic union)을 위해 분투하라고 우리를 부르신다고 나는 믿지 않는다. 지구촌 교단을 하나로 묶는 일이란 그리 쉬운 일이 아니다. 이는 역사의 마지막 날 하나님께만 주어진, 가능한 과제라고 믿는다. 그럼에도 우리는 성경과 역

---

35) John Macquarrie, *Christian Unity and Christian Diversity*, London: SCM Press, 1975, 17~19쪽을 보라.

사적 신경에 기초하고, 사도의 신앙공동고백을 천명하면서, '보이는 연합'(Visible unity)을 하기 위해서도 최선을 다해 일해야 한다. 교파를 초월하여 세례와 성만찬의 전적인 나눔, 상호용납과 목회와 감독(Oversight)의 상호교환 등을 가능한 예로 들 수 있다. 이러한 비전을 실현한다는 것은 시간과 에너지를 소모하는 일이다. 이는 또한 자기성찰을 증가시키는 일이기도 하다. 더 나아가, 더 이상 교파를 따지지 않는 후기 교파적인 젊은 세대를 위해서는 부적절한 처사다. 2, 3세계 지역의 교회는 급속히 증가하고 있다. 이러한 성장은 주로 보수적이며 오순절계와 복음주의적 전통을 따르는 교회들 중에서 일어나고 있다. 또한 대체로 빈곤층에 일어나는 운동이다. 서구적 초교파 진보주의 안건으로 논쟁하는 의제들은 그들에게 부적절할 뿐더러 심지어 우리나라(영국) 안에서도 많은 복음주의 교회들조차 달갑지 않게 생각하는 의제들이기도 하다. 좀 퉁명스런 말로 하자면, 초교파주의는 요지부동하고 쇠퇴하는 '진보주의'(Liberal) 교회들을 위한 의제다. 젊고 성장하는 보수적 액체 교회들에게 이러한 의제는 별다른 관심거리가 되지 못한다.

액체 초교파주의

요한은 삼위일체 교리를 위해 벽돌을 놓는다. 예수 그리스도는 영원하신 하나님과 함께 하나가 되신다고 묘사한다. 이러한 교리 건축 작업은 이 땅의 '대교회'(Great Church) 혹은 우주적 교회가 삼위일체가 되시는 하나님 안에서 '연합'과 '다양성' 원리들을 적용하여 용납할 수 있는 공식적인 신학을 발전시키기 위해 지난 몇 세기 동안 해 온 노력이다. 20세기 동안 서구 교회는 연합을 이루기 위해 많은 애를 썼다.

지구촌 절대 강자들의 끔찍한 전쟁 속에서도 지구촌을 하나로 묶고자 노력한 그 공로는 전혀 놀라운 일이 아니다. 초교파적 질문은, '어떻게 다양성과 분열된 교회 사이에서 공통적인 연합을 찾을 수 있는가?' 하는 것이다. 후기 현대 액체 문화(A post-modern liquid culture) 안에서 이 질문은 더욱 분명하고 명쾌하게 설명되어야 할 과제다. '우리는 온 세계 공동의 선과 모든 곳의 모든 사람을 위해 교회들로서 어떻게 다양성을 축하할 수 있을까?' 나는 내 이전 책 중에서, 하나님은 다양성을 늘리기를 원하시지, 줄이기를 원치 않으신다고 서술한 바 있다. 우리가 교파를 초월하고 다양성을 축하하면서 다른 이들의 목회를 기뻐하고 인정하면서, 교회 자체보다는 더 큰 세상에 초점을 둘 때 그러한 꿈을 실현할 수 있음을 알게 될 것이다.

우리는 우리 자신을 가두어 온 작은 초교파의 상자로부터 탈출하여 모든 지구촌 거주민들을 끌어안는 초교파의 오리지널 글로벌 비전으로 다시 돌아가야 한다. 다른 교회들과 함께 일하며 예배드리는 것으로 만족하는, 이 같은 초교파주의 정신보다는 더 넓은 밖을 바라보며 넓은 세상에서 일하시는 하나님의 성령께 초점을 맞추어야 할 것이다. 우리는 각자 다른 교회들로서 지구촌을 다시 건축하고 수리하는 임무 안에서, 하나님과 함께 어떻게 축하하고 협력할 수 있을지 우리 자신들에게 물어보아야 할 것이다.

한 지방적 차원에서 초교파 전략은, 하나님이 공동체 안에서 우리가 느낀 요구에 관심을 돌리게 할 때부터 시작된다. 이는 곧, "하나님이 이러한 요구에 응답하라고 우리를 부르시는가?"를 묻는 말이다. 예수님은 그의 짧은 지상 목회 속에서 모든 인간의 고통에 일일이 응답하지 않으셨다. 때로는 "내 때는 아직 이르지 아니하였다."(7:6, 8)고 말씀하시면서 거절하기도 하셨다. 또한 '때'에 관련하여 특이하게 언급된 구절들을 볼 수도 있다(2:4; 4:21; 4:23; 5:25; 8:20; 12:23). 하나님의 때는 우리의 때와 다르다. 시계가 보여 주는 시간 개념이 우리 서구의 영혼들을 서서히 침투해 왔다. 하지만 자연의 리듬과 영적인 삶에 더 가깝게 살아 온 2, 3세계의 사람들과는 다르다.

개체교회 역시 나름대로 주어진 그 특유의 때와 사명이 있다. 가끔 기발한 묘기가 이런 진리를 깨닫게 한다. 서핑 애호가는 자신이 감당할 수 없는 산더미 같은 엄청난 큰 파도가 밀려올 때 파도 위에 올라서야 할 그 제때를 안다. 서퍼가 그 거대한 파도에 제 몸을 맡길 줄 아는 것처럼, 이 땅의 교회 역시 그 나름대로 성령의 새로운 파도를 제대로 탈 수 있어야 한다. 서퍼가 만일 제때에 파도 위에 올라서지 못하면 큰 낭패를 겪는 것처럼, 교회 역시 그 시기와 방법을 놓치면 막대한 에너지만 낭비할 뿐만 아니라 성령의 리듬에서 멀리 벗어나게 된다. 나무판 하나에 의존하여 거센 파도 위를 날렵하게 미끄러지는 서퍼처럼, 초교파적 축제가 가능한 그러한 사건은 하나님이 서로 다른 사람들의 정신에 공통적·사회적 관심을 불어 넣으실 때 일어난다. 그들은 일반적으로 우리가 동반자로 선택하는 사람들이 아닐 수도 있으며, 그리스도인이 아닐 수도 있다. 액체 문화 안에서 그러한 때를 만나고, 그러한 시기를 제때에 붙잡아 함께 공통된 목표를 나눌 수 있을 때 초교파적 기적 연출은 가능하다. 지구촌 가장 큰 초교파적 기독교 자선기관 중 하나인 '크리스천 에이드'(Christian Aid)[36]를 그 한 예로 들 수 있다. 이는 자체적으로 제도와 구조를 오랫동안 발전시켜 오면서 그 사업을 계속해 오고 있다. 가난한 나라를 위한 지구촌 빚 청산 운동을 거의 자발적으로 시작한 이 기관은, 2000년 희년을 맞이하여 고난의 파도타기를 비공식적 네트워크를 통해 유연하게 해 오고 있다. 이 모

---

36) 2, 3세계 나라를 위한 기아 및 가난 퇴치 운동을 위해 기독교 차원에서 펼치는 영국 내 가장 큰 자선기관 중 하나이다. 매년 5월 크리스천 에이드 주간을 지키며 집마다 방문하여 모금한 후 지구촌 가난 퇴치 운동을 펼친다. (역자 주)

두 '우물'에 그 모델을 둔 것이지 '담'에 둔 것이 아니다.

초교파주의 활동

액체 교회가 될 수 있는 그 첫 발걸음은 항상 성령께 귀 기울이기 위해 자리를 만들어 드리는 것이다. 나는 재미있는 한 교회 그룹을 알고 있다. 끊임없이 이어지는 교회 운영회의 요청으로 열심 있는 성도들을 지치게 한 교회였다. 하지만 그동안 소모한 기력을 되찾을 기회를 주기 위해 3개월간 일상적인 모든 프로그램을 취소했다. 물론 거기에 위험이 도사리고 있었다. 아마 그들은 이러한 안식을 즐긴 후 다시 그 지루한 운영회의를 생각하고 싶지 않을 수도 있다. 그런데 흥미로운 이야기는, 교회마다 운영회의를 즐기는 이들이 있다는 것이다. 그들은 어쩌면 기분이 언짢아 다른 어떤 곳에다 그들의 충성심을 쏟을 수도 있다. 그럼에도 교회가 제도적인 사역을 쉴 수 있도록 '안식 기간'(Sabbatical)을 주는 것은 액체 교회를 위한 심오한 암시가 될 수 있다.

두 번째로, 우리가 특정한 요구에 진심으로 응답하기 위해 하나님의 부름을 받았다고 확신한다면, 동시에 하나님께서 우리뿐만 아니라 다른 이들을 위해서도 무언가 준비하기 위해 이미 우리보다 앞서 가셨다는 것을 깨달아야 한다. 이는 지방 교회의 하나님뿐만 아니라 지구촌 교회의 주인이신 하나님을 믿는 일이다. 성령께서 지구촌 모든 교회를 위해 역사하고 계심을 확증하는 것뿐만 아니라, 그분께서 부르신 자를 준비시키신다는 사실 또한 확증하는 것이다. 그리하여 우리는 새로운 동역자들과 함께 손을 맞잡고 계획하며 토론하고 기도하면서 항상 하나님께 열려 있어야 한다. 그분은 언제나 새로운 방향으로 우리를 이끄실 수 있기 때문이다. 그분은 함께 일해 보라며 생각지도 못한 전혀 다른 동역자를 초대하여 우리에게 붙여 줄 때도 있기 때문이다. 때로는 함께 손잡은 그 특별한 일을 마칠 무렵, 혹은 다른 이들이 그 자리를 대신 떠맡도록 허락하실 무렵, 우리더러 거기서 손을 떼고 철수하라며 새로운 부름을 위해 우리를 다른 곳으로 떠미실 때도 있다. 이런 식으로 일하는 것은 하나님의 총체적 사역이 갑작스럽게 경직화되지 않도록 하기 위해서다. 다음의 이야기를 그 한 예로 들면 이해가 충분히 될 것이다.

1996년 키스(Keith) 목사는 마약중독에 빠져 가정이 아수라장이 된 한 문제아를 만나 그 일에 개입된다. 이 문제는 분명히 한 가지 요인 탓에 오늘까지 온 게 아님을 금세 알 수 있었다. 당시는 불안한 가정 경제 문제로 절도가 횡행하고 있었다. 키스는 이에 대한 대응으로, 우선 마약오용에 초점을 맞추어 이 분야에서 전문적인 도움을 얻을 수 있는 '로컬 액션 포럼'(Local action forum)을 구성해야 한다고 생각했다. 이 포럼에 참여한 사람들은 약사, 진료소 의사들, 중학교 교장 두 사람과 초등학교 교사들 등 전문직 종사자들로 구성되었다. 경찰이 두 달에 한 번 모이는 이 모임에 참석했으며, 약물 행동 팀(Drug Action Team)과 교회 지도자들, 청소년들과 함께 일하는 상업계 대표들, 그리고 합법적 기관에서 일하는 대표들도 함께했다. 지역 국회의원 역시 이 일을 지원했다. 이들은 흔쾌히 매달 두 시간 정도 그들의 시간을 쪼개어 무엇을 할 수 있는지를 의논했다. 한 가지 분명한 사실은 이 포럼이 단지 모여 이야기만 주고받는 모임이 아니었다는 것이다. 만일 거기에 별다른 구체적인 행동이 따르지 않았더라면, 그 모임은 금세 해체되고 말았을 것이다. 7년이 지난 오늘에도 여전히 함께 모이고 있으며, 이 일은 진행형이다. 키스는 아래와 같이 요약하며 증언한다.

우리는 목적을 이루었는가? 단정하기는 어렵지만 하나는 분명히 조심스레 말할 수 있다. 거기에 다른 프로그램이 대신하고 있다. 법령이 달라지는 변화를 보고 있다. 헤로인 중독 치료에 쓰이는 약물인 메타돈(Methadone) 사용자들이 줄어들었다. 마약 관련 범죄가 지난 10년간 최하로 떨어졌다. 주사기 교환 프로그램 역시 사라졌다. 만일 이러한 결과를 두고 전반적 호전 징후가 아니라고 한다면 어찌 오늘처럼 안정적인 환경이 가능하였을까? 하지만 이 전쟁에서 우리가 이겼다고 우리 자신을 속이지는 않는다. 그러나 언젠가 그들에게 마약을 건네주는 그러한 두려움이 없는 환경, 우리 젊은이들이 범죄로부터 자유로운 커뮤니티 비전을 꿈꾼다. 바로 이 현장에 커뮤니티 마약오용 포럼(Community Drugs Misuse Forum)이 있다.[37]

위의 증언은 공식적인 보고다. 다음 장을 보면 전혀 예기치 못한 놀라운 방법으로 내가 어떻게 전혀 다른 초교파적 프로젝트에 개인적으로 개입할 수 있었는지 그 이야기를 접할 수 있을 것이다.

질문

1. 당신은 그리스도인들이 뜨겁게 달구어진 의견 불일치 속에 휘말리게 된 상황에 개입되었거나, 서로 갈라서야만 했던 상황에 개입된 경험이 있는가? 무엇이 그런 문제의 불씨를 제공했으며, 그런 갈등을 지속하게 했다고 생각하는가? 그 와중에 무엇이 화해를 부르는 데 건설적인 첫 발걸음을 옮기게 했다고 보는가?

---

37) 키스 타운(Revd. Keith Town) 목사와 나눈 개인적 대화의 일부분. (역자 주)

2. 이 시대를 위한 진정한 초교파적 질문 제안에 논평하라. '우리는 온 세계 공동의 선과 모든 곳의 모든 사람을 위해 교회들로서 어떻게 다양성을 축하할 수 있을까?' 이 질문이 당신의 교회에 주어진 사명(혹은 선교 차원의 일)이라고 말할 수 있다면 어떠한 의미로 받아들일 수 있는가?

3. 당신은 아주 다른 배경을 둔 동료와 (교회와 관련된 일이 아니라고 할지라도) 함께 자원하여 프로젝트에 참여한 경험이 있는가? 거기서 일하는 동안 무엇을 배울 수 있었는가?

기도

이 땅의 제자들이 하나가 되도록
그렇게도 간곡하게 기도하신
주 예수 그리스도시여,
다양성을 분열의 씨앗으로 파종하고
열정을 핑계로 삼아 양극화의 결실을 보게 한
우리의 부끄러운 죄를 용서하소서.
사랑 대신 비통과 매정함으로
냉소주의의 담을 쌓아 올린
우리의 부끄러운 죄를 용서하소서.

당신의 자비로 당신의 교회를 바라보시어
보이는 연합을 이룰 수 있도록 우리를 도우소서.
다른 이들과 든든한 동반자 동맹을 이루어
지구촌 어느 곳에 우리가 존재하든

모든 인류를 위한 공동의 선을 추구할 수 있도록 우리를 도우소서.
아멘.

우리 교회 안에 계신 성령님,
우리가 쌓은 분열의 담을 무너뜨려 주소서.
깨어진 교제 때문에 입은 우리의 상처를 치료하소서.
새로운 교제를 통해 사랑의 순이 새롭게 돋아나게 하소서.

우리를 분리하는 고집스러운 작은 진리들로부터
우리를 떠나게 하소서.
신성한 당신의 성찬 테이블 앞에 서서
겸허하게 성찬을 받는 심정으로
하나님 아버지와 그 아들이신 그리스도
그리고 성령님이 하나 되신 것처럼
우리 또한 다른 이들과 엄숙한 심령으로 하나 되어
지구촌 공동체의 우주적 진리의 성찬을 나누게 하소서.
아멘.

5장

마르다의 열쇠는 어디에?

Martha's
keys?

우리 중 어떤 이들은 무언가 통제하고 조절하기를 원했으며, 다른 이들은 미리 짜고 공모하기도 했다. 권력의 근거지는 무너지고 개방되어야 한다. 그리고 사람들 사이에서 좀 더 나은 창조적인 관계를 고무시키는 힘으로 대신해야 한다. 행사할 권력이 없어 사회의 가장자리로 밀려난 이들을 위해 교회는 각별한 관심을 베풀어 그들 또한 사회에 이바지할 수 있도록 늘 배려해야 한다.

나는 축도를 마치자마자 교회 뒷문 쪽으로 갔다. 많지 않은 성도들이지만 축축한 영국의 2월, 주일저녁예배라고 생각해 볼 때 '믿음'에 관한 나의 메시지는 잘 받아들여졌다. 회중은 은혜롭게 찬송을 불렀다. 예배 후 오르간 반주자에게 감사의 말을 전했다. 이번 주일은 상당히 몸과 마음이 무거운 주일이었다. 여느 때 같으면 지금부터 1시간 후면 집 벽난로에 가까이 앉아 저녁식사를 하고 있을 것이었다. 잠시나마 이미 집에 가 있는 생각이 내 마음을 따뜻하게 해 주었다. 나는 추위 속에 오래 남아 있기를 원치 않는 연로한 성도들과 악수를 하며 대화를 나누었다. 한 아프리카-카리브계(Afro-Caribbean) 부인이 내 주변에서 서성거리는데, 무언가 나와 꼭 할 말이 있는 것처럼 보였다. 이제껏 한 번도 본 적도 대화를 나눠 본 적도 없었지만 나는 그 부인에게 다가갔다.

부인은 단도직입적으로 말문을 열었다. "목사님은 오늘 설교하신 것을 믿으시나요?" 갑작스레 던진 그녀의 직설적인 질문에 나는 숨이 멎는 듯했다. 나는 그녀의 말 속에 무슨 저의가 있는 건 아닌가 고민하면서 속으로 한숨을 쉬었다. "하나님이 목사님에게 어떠한 새로운 비전을 주실 때, 목사님이 믿음이 있다면 그 비전을 물리시겠습니까?" 나는 그런 경우에는 비전에 따라 다를 수 있으며, 또한 믿음을 어떻게 이해하느냐에 따라 다를 수 있다고 답변하면서도 버벅거렸다.

"제 이름은 콘스탄스(Constance)입니다."라고 그녀는 자신을 소개를 했다. "아마 저에 관해 들으신 적이 있을 겁니다." 그러했다. 나는 그녀에 대해서 들은 적이 있었다. "하나님은 나에게 이 도심지구를 위한 여성센터(Women's Centre)의 비전을 주셨답니다. 자신감을 잃고 주변 인간이 된 여성들이 인정받고 찾을 수 있는 '방문센터'(Drop-in) 말입니다. 그들이 기술을 서로 나누고 배우며 자신들의 신념을 회복할 수 있는 그런 곳 말입니다. 우리는 이미 남자들을 위한 '방문센터'는 있지만 상처받기 쉽고 당당하지 못한 여성들이 거기에 가면 따돌림을 당하고 주눅이 들어 친근감을 느끼지 못한답니다. 저는 이들에게 의존을 부추기고 싶지는 않지만 스스로 도울 수 있도록 자립을 고무시키고자 합니다. 목사님은 오늘 믿음에 관해 말씀하셨습니다. 목사님은 제가 제안하는 이 일에 관해 충분한 믿음이 간다고 생각하십니까?"

나는 빨리 집에 가서 저녁식사를 해야 한다는 생각을 하고 있었지만, 나 스스로 "예."라고 말하는 소리를 들었다. "그럼 목사님도 그렇게 믿으신다는 말씀이군요." 나는 "그래요, 전 믿어요."라고 말하면서 그 말을 되풀이하고 있는 자신을 발견하고는 내심 놀랐다. 그녀는 "그럼 좋아요."라고 하더니, "목사님의 교회는 주중에 별로 사용하지도 않는 훌륭한 교회 교육관이 있으니 아마 하나님은 그 센터를 이곳에 세우시기 위해 제게 말씀하신 것 같습니다. 저는 가능하면 당장에라도 그 일을 시작하고 싶습니다." 그녀는 계속해서 말했다. "전 돈이 없습니다."

"정 그러시다면 교회의회에 허락을 받아야 할 것입니다. 아마 당신이 자립하기까지는 시험기간이니까 아무것도 요구하지 않을 수도 있을 것입니다." 교회의회가 늘 사용료를 미리 요구하는데도 그 순간 왜 그런 말을 했는지 나 자신도 잘 모르겠다. 차를 운전하고 집으로 돌아가는 동안 그녀의 감언이설에 내가 잠시 놀아난 건 아닌지, 홀로 의심하기도 했다. 그녀는 정말 위험한 믿음을 소유하고 있었다. 혹시 내가 그 믿음에 걸려든 건 아닐까?

그리하여 '여성센터'가 태어났고 그로부터 5년 후 지역 담당 구청으로부터 도심지구에서 가장 이상적인 프로젝트 중 하나로 선정되어 상까지 받게 되었다.

요한복음의 여인들

포도주가 떨어진지라 예수의 어머니가 예수에게 이르되 저들에게 포도주가 없다 하니 예수께서 이르시되 여자여 나와 무슨 상관이 있나이까 내 때가 아직 이르지 아니하였나이다 그의 어머니가 하인들에게 이르되 너희에게 무슨 말씀을 하시든지 그대로 하라 하니라(2:3~5)

마르다가 예수께 여짜오되 주께서 여기 계셨더라면 내 오라버니가 죽지 아니하였겠나이다 그러나 나는 이제라도 주께서 무엇이든지 하나님께 구하시는 것을 하나님이 주실 줄을 아나이다 예수께서 이르시되 네 오라비가 다시 살아나리라 마르다가 이르되 마지막 날 부활 때에는 다시 살아날 줄을 내가 아나이다 예수께서 이르시되 나는 부활이요 생명이니 나를 믿는 자는 죽어도 살겠고 무릇 살아서 나를 믿는 자는 영원히 죽지 아니하리니 이것을 네가 믿느냐 이르되 주여 그러하외다 주는 그리스도시요 세상에 오시는 하나님의 아들이신 줄 내가 믿나이다(11:21~27)

예수께서 자기의 어머니와 사랑하시는 제자가 곁에 서 있는 것을 보시고 자기 어머니께 말씀하시되 여자여 보소서 아들이니이다 하시고 또 그 제

자에게 이르시되 보라 네 어머니라 하신대 그 때부터 그 제자가 자기 집에 모시니라(19:26, 27)

요한복음에 거듭 나타나는 여성 관련 이야기들은 새로운 눈으로 볼 수 있어야 한다며 남자들의 옆구리를 쿡쿡 찌른다. 예수님의 어머니는 예수께 포도주가 동났다는 소식을 전한다. 쌀쌀맞기 그지없는 예수님의 '거절'(No)에도 마리아는 '승낙'(Yes)으로 받아들인 후 하인들에게 예수님의 말씀대로 따라 달라고 부탁한다. 3장과 4장에서 우리는 서로 아주 다른 대화들을 발견한다. 하나는 니고데모와의 대화요, 다른 하나는 사마리아 여인과의 대화이다. 니고데모는 이스라엘 선생이란 타이틀을 가지고서도 예수님이 말씀하신 것을 바로 깨닫지 못해 난감해지자 그 대화는 김빠지듯 금세 흐지부지되고 만다. 다른 한편, 가방끈이 짧은 여인으로 보이는 사마리아 여인과의 대화 속에서는, 이해하기 쉽지 않은 이스라엘 민족의 고유성 및 예수님의 인성 신비에 관련된 '생수' 이슈조차 상당히 개방된 신학적 토론으로 발전되면서 그 대화는 극적인 결론에 도달한다.

마리아와 마르다는 오라버니 나사로를 다시 살리는 일에 큰 역할을 감당해 낸 자매들이다. 며칠 후 마리아는 값진 향유를 주님의 발에 부은 후 발을 씻기고, 그녀의 머리카락으로 발을 닦는 상상을 초월한 헌신적인 관용을 보인다(12:1~8). 바로 이 여인이, 율법으로는 도저히 헤어날 수 없는 궁지에 몰려 정죄를 받을 수밖에 없었던 그 여인으로, 은혜로운 예수님의 자유선언으로 목숨을 부지할 수 있었던 8장 1절에서 11절에 등장하는, 똑같은 바로 그 간음한 여인이란 말인가? 여성에게 가장 소중한 이미지 중 하나인 머리카락으로, 하루 종일 더러운 먼지로 얼룩진 예수님의 발을 씻긴 이 '기름 부음'은 바로 그녀에게는 가장 귀한 사랑의 표현이다. 동시에 이 마리아의 헌신적인 몸짓은 가룟

유다의 속을 뒤집어 놓고서 배반을 선동하는 동기가 되는 사건이기도 하다. 여기 이 여인의 사건과 예수님 스스로 제자들의 발을 씻기신 사건 사이에 무언가 아주 이상한 여운이 감돌고 있다(13: 2~16). 상징은 다를지 몰라도 아름다운 봉사의 행위는 참 비슷하지 않은가. 이러한 두 행위 모두 그 자리에 함께한 사람들의 기분을 불편하고 언짢게 하였다. 이 여인들의 행위가 진정한 제자 정신이 어떠해야 하는지 그 모델을 보이고 있다고 생각하지 않는가? 이 여인들은 예수님에게 닥쳐온 가장 어두운 시간에 그분을 홀로 그 어둠 속에 계시게 버려 두지 않는다. 그분의 어머니와 이모, 또 다른 마리아와 막달라 마리아가 세상 다른 누구보다 더 가까이 예수님의 십자가 발 밑에 서 있다. 예수님 생애 중 가장 어둡고 처참한 그 순간에 죽어 가는 예수님을 바라보며 그 자리를 지키고 있다.(19:25)

이러한 사건들이 숨 가쁘게 진행되는 동안 베드로는 도대체 어디에 있는가? 그는 지금 어두운 그림자 가운데 잠복 중이다. 1장에서 간략하게 소개한 바처럼, 베드로는 다시 6장에서 등장한다. 그리고 13장에서 잘못되고, 겟세마네 정원에서 싸우기까지 한다. 끝내는 예수님을 부인한다. 그러는 동안 '사랑받은 제자'는 불가사의한 영적 인물로 그 초상화가 그려지고 있다. 하지만 이와는 달리, 베드로는 한 사건을 제외하고는 거의 모든 사건에 통찰력이 부족한 실수투성이로 그려지고 있다. 마치 마구 오려 낸 엉성한 마분지에 그의 초상화는 그려지고 있다(6:69). 부활의 날, 베드로는 처음으로 무덤 안으로 들어간다. 하지만 그는 아무도 못 보고 믿지도 못한다. 굳이 으뜸가는 사도에게 이름표를 붙여 주자면, 베드로보다는 막달라 마리아가 적격이다. 그녀는 부활하신 주님을 보았다. 진짜 사도처럼, 예수께서 말씀하신 대로 승천하실 장소와 시간까지 전하라는 그 명령을 전달 받은 자가 바로 그녀다.(20:17, 18)

막달라 마리아가 부활하신 예수님을 붙들려고 한 것처럼, 예수님을 따르는 자들로서 어느 누구도 완전할 수 없다. 그럼에도 이 여인들은 개방성과 분별력, 믿음과 용기, 인내 등 가장 진정한 제자 정신의 주요 덕목을 드러내 보여 주었다.

열쇠는 어디에?

에드위나 게이틀리(Edwina Gateley)는 자신의 책, 「따뜻하고 촉촉하고 짭쪼롬한 하느님」(A Warm Moist Salty God, 분도출판사)에서 요한복음 11장 대화 서장을 토대로 한 달콤한 이야기를 묘사한다. 마르다는 쇼핑과 유흥을 즐기며, 예수님과 그의 친구들을 상대로 요리솜씨를 뽐내기도 하는 여인이다. 오라비 나사로가 심한 독감에 걸리자 예수님에게 "빨리 여기 좀 와 주세요."라고 간청하는 편지를 보낸다. 그러나 예수님은 그곳 사정이 너무 바쁘신 나머지 나사로 문제를 며칠 더 미루신다. 그 결과, 때는 너무 늦어 버린다. 나사로는 이미 죽고, 예수님은 공동묘지에서 죽어 싸늘해진 나사로의 주검 앞에 서신다. 이러한 예수님을 본 마르다는 그동안 억눌렀던 분노를 터뜨린다. "어디 계시다가 이제 오시는 거죠? 당신이 하나님의 아드님이시라는 그 말씀, 정말 맞는 건가요? 이제 어디 해결 좀 해 보시지요." 이 대화의 시작의 모양은 불쾌하기 짝이 없는 것 같지만, 아이러니컬하게도 그 결과는 다른 어떤 사건과 비교할 수 없을 정도다. 사람이 죽었다가 다시 살아나는 엄청난 기적을 불러온 셈이다. 그리고 이 사건 한가운데에서 가정주부인 마르다가 말한 그 고백을 들어보라. "주는 그리스도시요 세상에 오시는 하나님의 아들이신 줄 내가 믿나이다."(27절) 게이틀리는 말을 계속한다.

소위 수제자라 불리는 베드로가 마르다의 고백과 같은 고백을 하자 예수님의 응답은 이러하다. "이를 위하여 하나님 나라의 열쇠를 너에게 주겠다." 나의 질문은 바로 이것이다. 그렇다면 마르다의 열쇠(Martha's keys)는 도대체 어디에 있느냐는 것이다. 왜 예수님은 마르다가 베드로와 똑같은 고백을 할 때 별다른 반응도 안 보이시더니, 베드로의 고백에는 천국의 열쇠까지 맡기신 후 로마 바티칸의 커다란 조각상까지 남긴 채 거창한 역사의 마지막을 장식하게 하시는가! 마르다는 어떤가? 그녀를 기리는 어떤 동상이나 조각상을 본 적이 있는가? 그녀 역시 하나님 나라의 열쇠를 받을 만한 귀한 고백을 하지 않았던가? 말이 났으니 말이지, 베드로가 예수님에 대한 믿음을 고백하였다고 하기는 하나 "난 예수라는 이를 전혀 알지 못하오!"라며 시치미 뚝 떼고서는 맹세까지 해 가며 부인하지 않았던가? 그것도 두 번도 아닌 세 번씩이나. 베드로의 손엔 여전히 천국의 열쇠가 들려 있지만 마르다의 손에는 아무것도 없다. 여기에 무언가 기본 상식을 넘어 편파적이고 불공평한 무슨 일이 일어나고 있는 것 같지 않은가?38)

신약성경 시대부터 교회는 남자들에 의해 통제되어 왔다. 이는 그동안 영향력 있는 여성들이 없었다는 말이 결코 아니다. 그리 오래되지 않은 역사 속의 몇몇 여인을 예로 들어보자. 어마어마한 업적을 이룬 휘트비 수도원장(Abbess of Whitby)이었던 성 힐다(St. Hilda), 빙겐의 힐드가드(Hildegard of Bingen)39), 라인의 시빌레(Sibyl of the Rhine)40), 노리치의 마더 줄리안(Mother Julian of Norwich)41) 등이 나의 뇌리에 스쳐

---

38) Edwina Gateley, *A Warm Moist Salty God, Women journeying towards wisdom*, Wheathampstead: Anthony Clarke, 1994, 38~40쪽을 보라.
39) 독일 출신 수녀원장이며 작곡가, 문학가, 언어학자, 과학자, 철학자, 의사, 예언자.(편집자 주)
40) 기원전 6세기 로마의 당대 최고 주술사 겸 예언자.(편집자 주)
41) 14세기 영국의 신비주의자, 베데딕트 수도회 수녀. 영어로 책을 쓴 최초의 여성으로 알려지고 있다. 마더 줄리안은 자신의 책 *The Revelations of Divine Love*에서 하나님을 폭넓게 이해하기 위하여 어머니, 모성애(Maternal imagery)로 표현한 최초의 사람이라 할 수 있다.(역자 주)

상자 속에서 나오라

110

간다. 남자 지도자들 배후에 종종 훌륭한 여인들이 있었다는 것 역시 부인할 수 없다. 성 프란시스(St. Francis)의 경우엔 성 클레어(St. Clare)의 영향이 컸다. 존 웨슬리가 수산나 웨슬리의 소중한 아들이었다는 것만으로도 여인의 업적을 부인할 수 없다.

그렇지만 여성들은 보통 교회 관료주의 식당(Ecclesiastical kitchen) 안에 갇혀 노래나 부르거나, 서빙(Serving)을 하거나, 혹은 남자들의 요청에 따라 종처럼 그들의 이미지가 가려져 왔다. 가부장적 압박이 교회의 본성과 문화를 형성하는 동안, 상관관계는 기계화에 양보했으며 직감은 이성에게 자리를 양보했다. 물론 성별 이슈를 따진다는 것이 내가 말하는 것처럼 그리 쉬운 문제는 아니다. 그럼에도 내가 확신하기에는, 만일 여성들에게 대표적인 지도력 위치를 인정하였더라면 교회의 모양은 심오하게 달라졌을 것이다. 요한복음에서는 아직 여성들의 이미지가 가장자리(Sidelines)로 밀려난 상태가 아니다. 이와는 달리 복음서 안에서 여성의 이미지는 '출산의 이미지'로 잉태하고 있다.

'사랑받은 제자'는 십자가에서 예수님이 부탁하신 대로(19:26), 에베소로 가면서 어머니 마리아를 모시고 함께 갔다는 이야기가 전통으로 전해 내려오고 있다. 심지어 오늘날 그 감동적인 유적지를 방문해 보면, '마리아의 집'이라는 장소를 목격할 수 있다. 복음서 저자들은 나다나엘과의 만남을 소개하면서(2:1), 마치 '사랑받은 제자'처럼 유력한 자료의 증인으로 예수님의 어머니 마리아를 소개하고 있다. 마리아는 단지 처음 이적에 함께 참여했다고만 생각해서는 안 된다. 그녀는 모든 의향과 목적을 마치 우리(독자들)에게 보여 주듯, "그가 무어라 말씀하시든지 그대로 하라."며 지시하고 있다. 분명히 요한복음은 여성스러운 관점을 다분히 포함한다. 하지만 이것이 남녀평등주의자 선언문을 발표하는 것으로 오해해서는 안 된다. 그럼에도 분명한 사실은, 복음서 안과 뒷전에서 능력 있고 헌신된 여성들의 영향을 여전히 목격할 수 있다는 점이다.

하지만 이러한 여성들의 공로와 업적은 얼마 후 남성 위주의 환경에 밀려 교회의 제도적 도장을 찍으면서 가려지고 만다. 그리하여 교회는 계급주의 통제와 지시로 운영되면서 여성의 자리는 사라지고 만다. 그 후 교회 역사 속에, 심화하는 중앙 통제 식 관료주의 기관이 들어서면서 관계성은 조직화로 대신한다. 친밀성은 교황 정치화로, 통찰력은 관리감독으로, 경건은 판촉으로 옮겨간다. 그러한 패턴에 따라 '액체 교회'는 '고체 교회'가 되어 간다. 이렇게 제도적인 교회로 자리를 굳히는 동안, 이전 장에서 이미 언급했듯이, 배제하는 분리주의 이념이 가세하게 된다. 우리는 이러한 폐단을 통해 남녀 평등주의 반대 이데올로기(Anti-feminist ideology)에 걸려 넘어질 것이 아니라, 지난 역사 속에 여성들의 증언 가치가 제대로 인정받지 못했던 그 소극적인 문화를 헤아려 보는 기회로 삼아야 할 것이다.

유대감의 세계

요한복음의 서장은 흔히 '말씀'(Word)으로 번역되는 그리스어 '로고스'(logos)라는 단어를 소개하면서 대서사시의 물꼬를 튼다. '로고스'가 지나치게 폭넓은 의미가 있다는 이유로 그 의도를 부정해서는 안 된다. 로고스는 '지혜'(Wisdom)를 의미하기도 한다. 이런 이유 때문에 이 서장이 지혜를 찬양하는 찬송가로 재편집되었다고 논쟁하기도 한다. 거룩한 남성들과 여성들 속에 나타나는 이 지혜는, 하나님으로부터 동떨어진 것이 아니라 한 개인을 대변하는데, 이는 곧 한 '여성 개인'을 지칭한다. 이러한 차원에서 하나님은 남성(Male)이시며 동시에 여성(Female)이시기도 하다. 더 나아가 '성'(Gender)을 초월하신다. 이러한 이유로, 이 복음서는 애초부터 사물을 바라보는 다른 한 관점에 관해 암시한다.

이 복음서에 나타나는 여성들이 우리에게 이러한 것을 상기시킨다. 요한복음은 빛과 어둠, 영과 육, 진리와 거짓 등 양극화된 반대명제들을 상당히 포함하고 있다. 절대적 반대 속에 상반되는 그러한 설정을 두고 '이원론'(Dualism)이라 부른다. 이 이원론은 당대 희랍사상에서 만연했다. 이러한 원리들의 분리는 서구철학과 과학이 자연적 물리적 세계를 해석하는 데 엄청난 영향을 끼쳤다. 기술문명의 진보가 인류사회에 유익을 가져오기도 한 것은 분명한 사실이나, 사회적으로나 환경적으로 볼 때 상당한 부정적인 결과를 가져오게 한 동기가 되었다. 우리는 개인적인 독립은 얻었지만, 상호의존적인 유대관계는 잃고 만 것이다. 물리적인 땅과 심지어 우리 육체까지도 영과 생명의 신성한 '성례적 도구'(Sacramental vehicles)라기보다는 '사물'(Objects)로 인식되었다. 우리는 필수적인 지혜를 소유하지 못한 채 다양한 지식을 얻게 된 셈이다.

우리는 인간적인 모두를 포함하는 광범위한 느낌, 즉 살아 있는 모든 것들과 더불어 소통하는 감각적 회복의 열쇠들을 받았다. 내가 주장하는 바는, 그들이 생동하고 활력이 넘칠 때마다 생존 감각은 자연적 과정과 더불어 소통한다는 것이요, 여성들은 모든 인류를 대표하여 구속 사역에 종사해 오고 있다는 것이다. … 여성들은 자연과 더불어 폭넓은 경험들을 통해 영육(靈肉)이원론(Body/spirit dualism)을 상대로 대안을 제공하는, 치유하는 힘과 전인성(Wholeness)을 발견하였다. …42)

---

42) Mary Grey, *Redeeming the Dream, Feminism, Redemption and Christian Tradition*, London: SPCK, 1993, 42~43쪽을 보라.

요한복음 안에 나타난 지혜의 현존과 여성들의 증언은 이원론을 극복하는 관점으로 우리를 인도한다. 물질적인 것들과 영적인 것들, 안에 있는 것들과 밖에 있는 것들, 이성적인 것들과 직관적인 것들을 다시 연결하는 전인적(全人的) 접근을 더 한층 드러낸다. 사마리아 여인은 물과 지리학적인 공간, 영의 중대성 등에 관련한 하나의 묵상 속으로 우리를 인도한다. 마리아는 그녀가 소유한 값진 향유를 소비함으로써 사랑의 성례적 향기(The sacramental perfume of love)를 통해 예수 그리스도의 육체를 어루만진다. 다른 어떤 곳에서 내가 동의하는 바처럼,43) 이러한 행위는 삼위일체로서의 하나님 안에서 성부와 성자, 성령의 공동체 의식을 반영하는 상관관계라고 말할 수 있다. 다시 말해, 개인구원이란 공동체의 구원을 배제하고 생각할 수 없다는 말이요, 환경적인 차원에서 지구촌의 치유에 개입하지 않은 채 개인적인 치유만을 꿈꾸는 것 역시 지속적인 큰 뜻을 이룰 수 없다는 말이다.

바보들의 지혜

앞에서 내가 인용한 남녀 평등주의 신학자 메리 그레이(Mary Grey)는 감지(感知)와 인식에서 비이원론적 지혜 전통(Non-dualistic wisdom tradition)을 도입하여 남성 위주의 방법에 대한 비평으로 관심을 끌게 한다.44) 그녀는 어떻게 계시가 교리로 대신하며, 힘 있는 자들에 의해 사용될 수 있는 원리의 세트가 어떻게 약자들을 괴롭히고 복종시킬

43) 이는 나의 책 「머나먼 나라로」(Into the Far Country)에서 반복하여 언급되는 주제로, 계약적인 관점에서의 하나님의 선교 탐험을 지칭한다.
44) Mary Grey, *The Wisdom of Fools? Seeking Revelation for Today*, London: SPCK, 1995, 22~28, 49~55쪽을 보라.

수 있는지 또한 보여 준다. 이상적이며 직관적인 진리의 이해들은 종종 흔적을 감춘다. 다른 자료들을 통해 지혜를 취득한 발언권은 이따금 그 결과를 침묵하게 한다. 가장자리로 밀려난 여성들은 그들의 억눌린 침묵을 깨뜨리기가 그리 쉽지 않다. 심지어 그들이 목소리를 높일 때도 있지만, 들으려고 하지 않는다는 것이 비극이다. 만일 빌라도가 그의 부인 칼퍼니아(Calpurnia)[45]의 말을 귀담아들었더라면, 예수 그리스도의 공판 결과는 엄청나게 달라졌을 것이다.

그레이는 그리스 신화 속에 저주받은 카산드라(Cassandra)의 예를 인용한다. 그녀는 아주 젊은 여자로 지혜를 취득한 트로이의 공주(Trojan princess)였다. 당대 군국주의 문화와 가부장 시대를 뛰어넘는 여자였다. 카산드라는 심지어 전쟁이 시작되기도 전에 이미 트로이 전쟁의 과장된 선전과 무의미함을 홀로 본다. 하여 그녀는 백성을 향해 수차례에 걸쳐 이를 경고한다. 그러나 그들은 그녀의 말을 듣지 않는다. 그리하여 그녀는 끊임없이 불안과 고통의 삶을 살 수밖에 없었다.

그레이는 진리와 거짓, 옳고 그른 것, 승리와 패배, 친구와 적 등의 사이에 전혀 대안을 용납하지 않는, 그저 대립으로 치닫고 있는 그리스의 이원론 때문에 결국 카산드라의 말은 그들 귀에 들리지 않았다고 기록한다. 그럼에도 카산드라는 이원론 한가운데서 소리를 높이면서 스스로 침묵의 피해자가 되기를 거절한다. 결국 그녀는 지각이 있는 모두를 위해 외치지만, 그들 스스로 가장자리로 떠밀려난 자신들을 발견할 뿐이다.

요한복음에 나타난 여인들의 간증은 새로운 시각적인 방법을 제안한다. 빛과 어둠, 그 이원론을 마치 칼로 자르듯 잘라 놓는다. 이렇게

---

45) 줄리어스 시저(Julius Caesar)의 세 번째 아내(기원전 59~44). (역자 주)

함으로써, 사람들에 의해 전통적으로 인식해 온 그러한 방법을 단순히 따라가는 것이 아니라, 진리의 관계적 유형을 표현함으로써 가장자리에 처한 모든 이들을 상대로 말한다. 그들은 정신적으로 병든 이들이요, 포기한 이들이다. 가난한 이들이요, 노숙자들이며, 전쟁 피해자들과 학대받는 이들이다. '가부장적 교회'(Patriarchal church) 내에서 개인의 성적 성향 탓에 불신의 혐의를 받고 있는 이들을 위해서도 분명히 귀를 기울여야 할, 그러한 교회를 상기시킨다.

시궁창에서

어떤 학자들은, 태어나면서부터 소경이 된 사람의 이야기를 두 가지 편집 버전으로 제시하면서 9장을 하나의 바느질 땀으로 보려 한다. 처음 버전은 그리스도의 정체에 관해 논하는 바, 그리스도인들과 그들의 친구인 유대인들 사이에서 주고받는 토론의 상황을 반영시킨다(9:13~17). 두 번째 버전은, 마치 막힌 배수관 때문에 물의 흐름이 멈춘 상황처럼, 그리스도인들이 회당 출입을 거절당한 후기 기간을 반영한다고 말한다(9:34). 이쯤에 이르러 유대 지도자들이 확고한 결심을 하였다는 것이다. 그리스도인들은 이미 그들의 '원수'가 되었다는 것이다. 그러자 그리스도인들은 그들 반대파에게 경멸적인 레이블(딱지)을 붙여 주면서, 소위 '유대인들'이라 부르며 되받아치기 시작했다는 것이다.

그러므로 이러한 상황에서, 예수님이 소경을 고치신 이 치유의 이야기는 비난하는 대화로부터 시작하여 격렬한 독설이 오고 갈 정도로 심각한 논란의 수준으로 진전된다. 그럼에도 이런 상황을 통해 말하고자 하는 주요 관심사는, 한 소경과 그에게 도대체 무슨 일이 일어났는지를 알려 주고자 하는 데 있다. 우리가 추측하는 바, 그는 사회의 가장자리로 떠밀려 세상 사람들이 경멸하고 무시하는 가난한 사람이 되었다. 요한복음 가운데 등장하는 여인들은 적어도 인간적인 대우를 받고 있는 사람들이다. 하지만 이 소경은 하나의 '사물' 취급을 받고 있다. 그는 당대 사회에서 사람으로서의 가치를 논할 정도의 대상이 아니라, 어떻게 보면 '시궁창' 같은 존재일 뿐이다. 그의 부모는 당대 종교 지도자들을 두려워한 나머지 그들의 몸을 도사리기 위해 장애인 아들에게서 더 멀리 떨어져 있다. 하여 그 소경은 그 스스로 완전히 버림을 당했다고 느끼고 있었다. 삶의 기회를 잃은 장애인 된 처지로, 예수님을 만나기 이전까지 인간 대접을 받는다는 것은 상상조차 할 수 없었다. 그 자가 소경이 된 것은 그의 부모들 탓인가, 아니면 그 자신의 죄 때문인가? 그가 태어나던 당시 무언가 잘못된 것인가? 도대체 이 '오염 덩어리'는 어디서부터 떠내려 오다가 여기서 막혔단 말인가? 선천성인가, 아니면 후천성인가? 안타깝게도, 심지어 예수님의 제자들조차 신학적 논쟁의 대상이 되는 하나의 '사례 연구'로 그를 취급하고 있지 않은가.

예수님은 바리새인들이나 유대인들처럼, 사람이 당하는 재난을 남의 책임으로 돌리는 가치판단의 시스템을 완전히 뒤엎으신다. 마치 불꽃이 이는 한 장면처럼 '세상의 빛'으로 다가오신다. 역사의 빛을 발하는 진정한 발광체는 바로 가장 작은 자들이요 동시에 가장 낮은 자들이라며, 이를 입증해 보이신다. 이 이야기는 땅바닥에 짓밟힌 자들과 육체와 정신적으로 제 기능을 상실한 이들을 위한 해방 선언문이다. 사람들을 장애인으로 내몰고 상자들 속에 가두는 사상적 시스템을 마무리한 권세 있는 후견인들에게 심판은 확정되었다. 정말 놀라운 일은 다름 아니라, 새롭게 자율권을 부여받은 이 소경이 그 스스로 자신의 삶을 제어하며 살 수 있게 되었다는, 새로운 삶의 방식이다.

그는 더는 다른 이들로부터 떠밀리거나 무시당하지 않아도 된다. 더는 '사물'이 아니라 그 자신의 운명을 자기 손에 거머쥔 '주체'가 된 것이다. 그는 이제 "상자 밖에서 산다."(To live beyond the box)는 의미가 무언지를 발견하게 된 셈이다. 한때 시력을 잃었지만, 이제 새로운 통찰력을 얻었다. 누가 그의 이야기를 물으면, 더는 말을 둘러 댈 필요도 없고, 그럴듯한 구실을 늘어놓을 필요도 없다. 그는 다른 사람들의 비웃음이나, 압력, 터무니없는 비난 대신 그 자신에게 일어난 이 이야기 외에는 다른 이야기로 대신할 것을 거절한다. 이제 더는 다른 이들이 그 자신을 괴롭힐 수 없다는 것 역시 아주 잘 안다.

이 이야기는 마치 카산드라의 경우처럼, 아무도 그의 이야기를 믿으려 하지 않는다는 것을 우리에게 다시 상기시킨다. 이웃들이 권력자들로부터 겁박을 받자 그의 정체에 대해서 의심을 드러낸다(9:9). 유대인들은 더는 그에게 무엇을 할 수 없자, 분노를 그에게 드러낸 후 그에게 '문제인간'(Troublemaker)이라는 딱지 표를 붙인다. 유대인들은 그들이 믿는 신조가 도전을 받자, 어떤 다른 간증도 더는 받아들이려 하지 않는다. 그리하여 그들은 결국 그를 발길로 걷어찬 후 그가 왔던 그 가장자리로 다시 내몰고 만다(9:34). 그리고 이 이야기는 예수님과 함께 나누는 대화로 그 막을 내린다. 그 사람은 예수를 바라보며 '하나님의 아드님'이라 고백하기에 이른다. 하지만 마르다처럼 그 역시, 그 손에 열쇠는 주어지지 않는다. 하지만 마르다보다는 더 앞으로 나아가 그는 예수께 경배한다. 하나님 나라의 역사를 구축하는 사람들은 어떻게 보면 이렇게 '보잘것없는 사람들'(The nobodies)이다. 궁극적으로 이러한 자들이 우리로 하여금 눈을 열어 하나님 나라의 역사를 볼 수 있게 할 것이다.

교육관에서

이미 언급한 바처럼, 여성센터 설립을 위해 내게 접근했던 콘스탄스 부인은 나 자신과 다른 교회 성도들이 볼 수 없는 무언가를 이미 감지하고 있었다.[46] 그녀가 교회 교육관을 방문센터로 사용할 수 있도록 허락하는 것을 결의하기 위해 교회의회를 통해 후지급제 약속을 받아내기는 그리 쉽지 않았다. 여성센터를 개설한다는 광고를 낸 후 테이블을 준비하고 문을 열었다. 콘스탄스는 앉아서 사람들을 기다렸다. 하지만 아무런 일도 일어나지 않았다. 몇 주가 그렇게 조용하게 지났다. 아무런 방문자도 없었다. 그러자 교회의회는 계약을 파기해야 한다고 주장했다.

하지만 도움의 손길은 구성원 중 한 사람인 드보라(Deborah)로부터 도착했다. 드보라는 독신녀로 영국항공사의 유력한 직원 중 한 사람이었는데, 깊은 통찰력과 너그러운 마음을 지닌 여인이었다. 나는 그녀의 모든 인생 드라마에 관해 아는 바는 없지만, 그렇게 잘나가던 그녀가 젊은 나이에 암에 걸려 경력을 접어야 했다는 이야기는 들었다. 그녀가 센터 운영 비용을 충당할 수 있도록 솔선수범하여 제안할 수도 있었다. 아니면 교회 내 다른 재정위원회 회원들을 설득할 수도 있었다. 어쨌든 그녀 역시 콘스탄스의 경우처럼, 비전을 보았다. 그리고 기도하였다. 기적적으로 시험기간은 연장되었다. 나를 포함한 몇몇 성도들은 그 일이 어떻게 돌아가는지 궁금하여 가끔 들르곤 했다. 하지만 그리 대단한 일은 일어나지 않고 있었다! 한 주간 불과 두세 명 정도 들렀을 뿐이었다. 하루는 혼자 앉아 힘들게 기다리고 있는 콘스탄스에게 나는 도전적인 제안을 했다. "왜 아무것도 하지 않는 거요?"

---

46) 콘스탄스 구딩(Mrs. Constance Gooding) 여사와 나눈 개인적 대화의 일부분.(역자 주)

그러자 그녀가 대답했다. "난 무언가 하고 있답니다. 기도하는 중입니다." 결국 두세 달 후 제대로 그 일을 시작할 수 있었다. 여성들이 길에서부터 하나 둘 짝을 지어 교육관 문을 열고 들어오기 시작하면서 텅비었던 교육관은 거품이 일듯 삶의 활기로 넘치기 시작했다.

씨 뿌리기

에드위나 게이틀리는 그녀의 책, 「난 씨앗이 자라는 소리를 듣는다」(*I Hear a Seed Growing*)에서, 숲 속 은둔처에서 묵상 중 하나님으로부터 시카고 거리로 나가라는 부르심을 받은 그때를 묘사한다. 그녀는 노숙자들이 문전에서 잠을 자는가 하면, 매춘부들이 거리로 나와 술집을 자주 드나들고, 사창가를 찾아오는 손님들을 기다리는 그러한 장면을 떠올리게 되었다. 이 책은 그들의 가슴 아픈 사연들과 묵상, 온갖 대화로 가득하다. 우물가의 여인처럼, 이 매춘부들은 하나님을 만나는 경험을 하였다. 이 책이 말하는 요지는, 에드위나가 소개하는 20대 후반의 덜로리스(Dolores)라는 한 여인의 이야기다. 매춘 알선업자의 삶과 마약, 알코올중독, 성적 학대, 자멸 등 자포자기 상태로부터 헤어나기 위해 온갖 몸부림을 치는 이야기다. 그녀는 오로지 하나님의 은혜만이 덜로리스와 같은 그런 여성을 구원시킬 수 있다는 결론에 점점 도달한다. 이렇게 서글픈 그녀의 이야기를 통해 우리가 배우는 심각한 교훈이 하나 있다. 한동안 그런 세상으로부터 나왔다가 또다시 그 어둠 속으로 미끄러져 들어가기도 한다는 것이다. 그러한 경우, 십중팔구 더는 그들에게 살 미래가 없다고 믿고서는 또다시 어둠 속에서 실종된다는 것이다. 슬프게도 덜로리스는 한 추잡스런 호텔에서 목숨을 끊고 만다. 에드위나(혹은 덜로리스)는 펜을 들어 한 여성으로서 하나님의 그림을 다음과 같이 시로 묘사한다.

교회라는 이름
그 상자 속에
우리가 그녀를 가두자마자
하나님은 도망가 버리셨다.
하나님은 우리더러
꼬리표나 제한조건
그 어느 것 하나라도
이름표처럼 붙이고 다니는 것 원치 않으시니
그녀가 말한 바처럼,
"지금 그들 나를 보도록
나중에라도 그들 나를 보도록
지금 그들 내 소리 듣도록
나중에라도 그들 내 소리 듣도록
나는 탈출하여
더욱 소박하고 더욱 가난한
흙 속에다
나 자신을 심으리라.
내가 자유스러운 만큼
내가 어디든 갈 수 있는 만큼
난 하나님 믿는 이가 되리라.
얼굴색이 어떠하든
남자든 혹은 여자든
신분의 높낮이가 어떠하든
권세의 크기가 어떠하든

가진 돈이 많든 적든
내가 꿈꾸는 그 자유
모두에게 나눠 주고 싶은 그 자유
나의 그 자유 안에서
나의 선량함은 발견되리라."47)

질문

1. 묵상과 상상을 통해 훈련할 수 있도록 시간과 공간을 마련하라. 하루하루 삶의 압박이나 책임감을 느낄 때마다 세 가지 주제에 초점을 맞추어 생각해 보라.

   · 내가 아는 누군가를 만날 때마다, 내가 소유한 문화의 평범한 관례 밖에서 나를 불편하게 만드는 이들을 생각해 보라.

   · 누군가에게 부당한 취급을 당하여 연민을 자아내게 하는 사람들을 생각해 보라.

   · 내가 아는 사람들이나 내가 들은 사람들 중에, 절망적으로 가난한 사람 축에 속한 이들을 생각해 보라.

   당신의 삶 가운데서, 위에서 말한 이들 중 한 사람이라도 기억할 수 있다면 함께 나누어 보라.

   · 이러한 상황에 처한 어떤 사람들을 당신은 생각하고 있는가?

   · 당신은 어떤 느낌이 떠오르는가?

   · 그들을 좋게 평가한 경우라든지, 혹은 그들을 통해 배운 어떤 특이한

47) Edwina Gateley, *I hear a seed growing*, Wheathampstead; Anthony Clarke, 1990, 264~265쪽을 보라.

경우가 생각난다면 함께 나누어 보라.

2. 당신의 교회 시설들은 위에서 언급한 콘스탄스의 방문센터처럼 가장자리로 내몰린 여성들을 위해 사용되고 있는가?

3. 당신의 교회를 생각해 보면, 이번 장에서 언급한 바처럼, 여성들의 독특한 목적에 이바지할 수 있도록 충분히 운영되고 있는가? 만일 그렇지 못하다고 생각된다면, 그들이 감지하는 비전과 통찰력을 바탕으로, 그들이 추구하고자 하는 일과 방식, 시설을 제공하기 위해 무엇을 해야 한다고 생각하는가?

기도

우리는 우리 사회 속에서 수치심을 느끼고 주변으로 밀려난 모든 이들을 위해 기도합니다.

정신적으로 고통 받는 이들과 신체의 장애를 안고 있는 이들을 위하여,
성적 학대를 받는 이들을 위하여,
노숙자로 전락한 이들과 도중하차한 이들을 위하여,
자학(自虐)하는 이들과 전과자들을 위하여,
성적 성향 때문에 정죄 받았다고 생각하는 이들을 위하여,
다른 인종과 다른 문화로 차별당한다고 느끼는 이들을 위하여,
종교가 다르다는 이유로 신뢰할 수 없다는 꼬리표가 붙은 이들을 위하여,
매춘과 범죄로 자신을 내몰고 있는 이들을 위하여…

예수님의 동정으로 저들을 감싸 주소서.

교회가 저들을 풍성한 관용으로 안아 줄 수 있도록 도우소서.

하나님의 손길을 펼치사 저들에게 자율권을 허락하소서.

우리 모두의 아버지, 어머니가 되시는 하나님의 이름으로[48] 기도합니다.

아멘.

---

[48] 저자는 하나님의 부성과 모성을 강조하고자 의도적으로 '예수님의 이름' 대신 '하나님의 이름'으로 표현하였다. (역자 주)

6장

정신 나간 사람들

Crazy
people

당신은 반드시 더욱 더 큰 사회 정의 이슈에 매달려야 한다. 교회는 안일주의 클럽을 의미하는 것이 아니라, 예언적이며 대립적인 문화 공동체로 부름 받았다.

2003년 8월 6일, 내 오랜 친구 머핀 템플 목사(Revd. Merfyn Temple)가 84세의 나이에 하라레(Harare)로 가는 비행기에 올랐다. 그는 자기 가족들에게까지도 자신이 무엇을 하려고 하는지를 알리지도 않은 채 비행기에 올랐다. 그날 그의 수중에는 편지 한 장이 있었다. 바로 짐바브웨(Zimbabwe) 대통령 무가비(Robert Mugabe)에게 직접 전달하고자 준비한 위험하기 짝이 없는 편지였다. 편지 내용은 이러했다.

> 친애하는 무가비 씨
>
> 짐바브웨 백성의 고통은 주님이 보시기에 아주 혐오스러운 것입니다. 나는 대영제국 정부가 당신을 체포하여 인권에 어긋나는 죄수로 법정에 설 수 있게 해 달라고 기도하고 있습니다.
>
> 머핀 템플 올림[49]

그것은 정말이지 터무니없는 생각이었다. 머핀은 늘 그렇게 좀 정상이 아닌 듯한 친구였다. 아마도 이사야나 아모스, 예레미야 아니면 예수님과 같다고나 할까. 짐바브웨 감리교회에 도착하여 그는 편지를 성도들 앞에서 읽은 후 정부 청사로 가는 길을 물었다. 모든 재산

---

49) Merfyn Temple, *My Three Days in Mugabe's Hell Hole*, Devon: Speed Print, 2003을 보라.

을 뒤로 한 채, 작은 캔버스 쇼핑백 하나 달랑 들고서는 다시 돌아오지 못할지도 모르는 그 위험한 길을 나선 것이다. 먼 길이었다. 당시 그 시간, 거리는 텅 비어 있었다. 한 사람을 만나 길을 물었다. "이 길을 쭉 따라가시오. 하지만 당신이 거기 가까이 가도록 허락하지 않을 거요. 거긴 군인들이 지키고 있을 거요." 행인은 말했다. 그의 발걸음은 정부 청사 정문 앞에서 멈추어야 했다. 군인들에게 포위되었으며, 심문과 협박을 받았다. 그러나 이러한 그의 기발한 행동은 수차례 반복되었다. 어느 날에는 더는 손을 쓸 수 없을 정도에 이르렀다. 결국 군인들은 그를 꽁꽁 묶어 경찰차 트럭 짐칸에 싣고는 하라레 경찰본부 감옥으로 짐짝처럼 옮겼다. 간담을 서늘하게 하는 감옥에서 며칠 동안 지내야 했다. 온갖 고통을 겪는 동안, 구금된 다른 죄수들과 함께 심문을 당했다. 얼마 후 석방되어 강제 출국을 당하고 말았다. 그의 나이와 명성 때문에 겨우 목숨을 부지할 수 있었다.

그의 용감한 제스처가 신문에 공개되었다. 영국 그리스도인들의 반응이 더욱 흥미로웠다. 그를 오랫동안 알고 지낸 이들에게는 그리 놀랄 일이 아니었다. 그들이 짐작했던 것처럼, 또 하나 그에게서 찾아볼 수 있는 정신 나간 짓일 뿐이었다. 다른 영국 교회 지도자들은 그의 행동을 두고 아주 대담한 예언자적 외침이라며 침이 마를 정도로 칭찬했다. 그를 잘 아는 80대 친구들은 그에게 칭송을 보냈다. 하지만 공식적인 평가는 사뭇 달랐다. 정치, 외교적으로 볼 때 오히려 그들의 인내를 흠집 내는 일이라고 악평했다. 더 나아가 짐바브웨의 일반 그리스도인들을 더욱 어렵게 할 수 있는 역효과를 부르는 일이라고 비평하기도 했다. 그럼에도, 당시 무가비의 감옥에서 고통 받는 이들로부터 전혀 다른 메시지가 날아 왔다. 제발 머핀과 같은 더 많은 이들이 지구 상 교회들 가운데 나타나서 무가비를 상대로 목소리를 높여 달라는 요청이었다. 내가 생각건대, 당시 우리 대부분은 쌀쌀맞은 이론을 내세워 그의 무책임한 태도를 비판하였다. 하지만 그처럼 대단한 배짱을 가지고 있지 못한 우리를 돌아보며 그의 대단한 용기에 존경을 표한 것으로 알고 있다.

혜성처럼 나타난 사람들

머핀은 정상이 아닌 하나님의 사람 중 하나라고 말할 수 있을 것이다. 이 땅의 '고체 교회'는 정상이 아닌 것처럼 보이는 그들과 무엇을 해야 할지 전혀 아이디어가 없을 것이다. 이러한 사람들은 마치 하늘을 떠도는 혜성처럼 종종 우리 앞에 나타난 뒤 사라지기도 한다. 한편 그들이 혜성처럼 지나가는 동안, 어떤 이들은 이 현실 세계에서 도대체 그들이 무엇을 했는지 전혀 눈치 채지 못하기도 한다. 머핀의 이야기처럼, 1950년 후기 대영제국이 태평양에서 수소 폭탄을 터뜨렸을 때 이를 저지하기 위해 막아 선 정상이 아닌 또 한 사람의 이야기가 떠오른다. 당시 교회 지도자들 역시 이러한 실험에 공개적으로 개탄하고 반대 소리를 외쳤으며, 결의안을 통과시킨 후 수상을 상대로 그러한 행동을 철회하라고 청원했다. 이 수소 폭탄 실험으로 세상이 한창 시끄러웠던 그 당시, 60세의 정신 나간 한 유니테리언(Unitarian)[50] 성도는 도저히 이 일을 그냥 묵인할 수 없다며 무언가 행동으로 옮기기로 했다. 배를 한 척 샀다. 그러고는 목숨을 내놓고 그 수소 폭탄 실험 장소 한가운데로 홀로 항해를 시도한 것이다. 정말 멍청한 짓이었다. 그리고 아무것도 달라진 게 없었다. 계획된 대로 실험은 진행되었다.

---

50) 엄격한 일신교적(Monotheistic) 신앙으로 삼위일체 반대 신학(Anti-trinitarian Christian theology)을 따른다. 영국에서는 공식적으로 '유니테리언 및 자유교회 총회'(General Assembly of Unitarian and Free Christian Churches) 산하 기독교 단체로 부른다(자료: Wikipedia). (역자 주)

시끄럽게 떠들어 댄 교회 차원의 대항 역시 정부가 밀어붙인 그 일을 한 발짝도 물릴 수 없었다.

해방신학

그리스어로 교회를 '에클레시아'(*ecclesia*)라 부르는데, 이는 '부름을 받았다'(Called-out)는 말이다. 가끔 교회는 당대 직면한 특별한 이슈와 공동체 문화에 맞서 저항을 실천하기도 한다. 저항을 실천하는 공동체인 셈이다. 그러므로 교회 지도자들은 조심스럽게 선언문을 작성하여 연회 혹은 교단 차원에서 후원자들의 손을 빌어 서명한 뒤 공개적으로 목소리를 높인다. 충분히 논의하고 손을 들어 동의한 후 청원서에 이름을 올려 전달하지만, 그 효과는 대부분 미미하다. 하지만 우리는 종종 이러한 행위가 마치 '예언자적' 행위라도 되는 듯 자축하며 의제를 다룬다. 이러한 의제는 참으로 다양하다. 인도의 달릿 부족(Dalits)[51] 보호를 위한 안건, 지구 온난화 문제, 2, 3세계 빚 탕감 제안, 미얀마의 인권 문제, 이라크 전쟁, 그리고 짐바브웨 문제 등등. 이러한 결의안들이나 제재 안건들을 수년 동안 궁리한 후 통과시키기도 한다. 우리는 이러한 결의안들이 잘못된 세상 체제를 바꾸어 놓기를 바라고, 또 그럴 거라고 믿는다. 때로는 실제로 그렇게 되기도 한다. 하여 우리는 여전히 혜성들이 나타나기를 바란다. 무언가 우리의 현실과 실상을 초월할 수 있는 징조들이 나타나기를 바란다. 60대의 나이에 죽음의 눈 한가운데로 과감하게 항해를 감행한 위험천만한 행동처럼, 우리의 말이 행동으로 옮겨지기를 기대한다. 그리하여 새로운

---

51) 인도의 불가촉천민.(역자 주)

깨달음으로 우리와 세상이 화들짝 놀랄 수 있는 수준의 활력을 불어일으킬 수 있는, 그러한 값진 행동을 기다린다.

60년대를 지나는 동안 우리 중 어떤 사람들은 새로운 정치신학(Political theology)의 등장에 대해 들어보았을 것이다. 이는 남미의 목회자들과 신부들이 가난한 자들과 동일시하면서 표현한 신학이다. 그들은 오래 전 모세가 바로를 상대로 해방운동을 행했던 것처럼, 남미 백성의 인권을 억누르는 경제 법규들과 정부 조치들에 대항한 것이다. 그들은 하나님이 이를 위해 그들을 부르셨다고 믿었다. 서구 교회는 멀리서 들려오는 이러한 '해방신학'을 의심스러운 눈초리로 보았다. 어떤 이들은 그들이 공산주의에 매수되었다고 생각했다. 다른 이들은 종교와 정치를 뒤섞지 말고 따로따로 유지해야 한다고 주장했다. 종교는 개인적이요 우리의 우선 임무는 전도라고 주장했다. 하지만 영국에서도 힘들게 사는 도시 빈민들에게는 이러한 메시지가 그들 피부에 와 닿았다.

오늘날은 해방신학에 대해 거의 듣지 못하고 있다. 하지만 '주빌리 2000년 캠페인'[52]과 최근 이라크 전쟁을 치르면서 그동안 무기력했던 우리의 정치 양심이 또다시 깨어나기 시작했다. 불행하게도 성직자들의 성 추문과 감독들의 동성애 이슈 등, 대중의 강박관념에 더 치중하느라 교회의 정치적 저항운동은 미디어의 바람을 타지 못하고 있다. 우리 기독교는 지금 '민영화'되었다. 영성이 사회, 환경, 정치 개혁의 역동적인 엔진이라기보다는, 자기만족을 위한 자아도취적 탐구가 되어 가고 있다. 물론 여전히 공동체 문화 저항 차원에서 정의에 대한 이슈를 외치기도 한다. 하지만 이는 종종 입에 발린 '말치레' 수준에 불과하다. 어디까지나 교회 내 정상적인 일들에 비교해 볼 때 솔직

상자 속에서 나오라

────────────────

52) 가난한 나라들의 부채를 조건 없이 탕감해 주도록 요구하는 운동.(편집자 주)

히 선택적이다. 그리 중요하지 않다고 생각한 나머지 여분의 짬을 내어 보여 주는 여가 활동에 치우칠 뿐이다. 이러한 수준의 저항운동은 소비자 보호 차원에서 약간의 불협화음을 조성하여 아주 가벼운 정도의 저항 문화의 목소리를 실어 나르는 정도에 그친다. 오로지 정신이 번뜩 들 정도로 충격적인 정치적 행동들만이 머리기사로 가끔 눈길을 끌게 할 뿐이다.

법정 드라마

넬슨 만델라의 자서전 「자유를 향한 머나먼 여정」(Long Walk to Freedom)의 이야기 전개 장면을 잠시 거론해 본다. 만델라는 반드시 변호사가 필요한 때를 만난다. 하지만 그런 부당한 처지에서 불공평하고 고통스러운 공판 장면들이 진행된다. 하여 만델라는 말한다. "하나님의 물레방아는 아주 천천히 돌아가면서 가루를 빻는다. 그러나 아무리 교묘한 주님의 책략이라 할지라도 남아프리카공화국의 사법 시스템들과는 겨룰 수 없을 것이다."[53] 이러한 편파적 법정 드라마에서 만델라와 다른 이들은 증언할 기회조차 얻지 못한다. ANC[54]가 일어나 정부를 상대로 남아공 사법부는 위험한 테러분자들이라고 맞서자 그들 역시 줄줄이 감옥행을 맛본다. 마치 예수님의 재판 절차 장면처럼(8:59) 피고(만델라)는 자신과 함께 침묵시위를 하겠다며 약속한 동료들을 출소시키는 일을 간신히 해 낸다. 반역죄 공판을 진행하는 동안, 남아공 정부의 굴욕은 그들 편에 서 있는 한통속의 판사를 선임함으로써 그

---

53) Nelson Mandela, *Long Walk to Freedom*, London: Abacus, 1996, 273쪽 이하를 보라.
54) ANC는 남아공화국의 집권당(African National Congress)으로, 남아공의 노동조합(COSATU)과 공산주의당(SACP)에게 지지를 받고 있다. 1994년 인종차별 폐지 후(Post-apartheid) 집권당으로 자리를 지키고 있다(자료: Wikipedia).(역자 주)

들 시스템을 일사천리로 진행한 것이었다. 그들은 또한 재판 중인 사람을 보호하는 법적 세부 사항을 고려하지 않는다. 그리하여 1961년부터 격리와 구타, 고문 등 관련법을 채택하여 위협을 통해서라도 정보를 실토하게 하였다. 피고들이 유죄라는 것을 선고하기 위해 그렇게 잔인한 법들을 확정 지었다.

예수님은 정치적으로 불공평한 취급을 받는 모든 피해자를 대표하신다. 부당한 판결을 받고 갇힌 사람들, 억울하게 고문당하는 사람들, 권세 있는 자들이 만들어 낸 교묘한 책략으로 사라져 간 억울한 자들을 대표하기도 하신다. 종교 관리들을 대표하는 바리새인들과 유대인들 앞에서, 예수님은 그들이 신봉하고 있는 그들의 신학적인 상자들(Theological boxes)을 철폐하기 위해 대담하게 맞서 논쟁하신다. 그분의 말씀은 그들을 향한 의분으로 불타고 있으며, 그들을 상대로 제출한 고소장은 과격하리만치 심한 수준이다. 이러한 도전에 격렬하게 분노한 나머지 그들은 몇 차례 예수님을 돌로 쳐 죽이려고 한다(8:59, 10:31). "그분의 때가 아직 이르지 아니하였기에"(7:30), 매 순간 적절한 때를 만나 위기를 벗어나신다. 타는 불길처럼 충돌을 불러온 이러한 대화들이 5장, 7장, 8~10장을 통해 마치 법정 드라마처럼 우리 앞에 다가온다. '하나님의 아들'이라는 주장을 놓고 법정 투쟁으로 몰고 간 이 사건은 하나의 드라마로 우리 앞에 다가온다.

로마의 재판 시스템과는 달리, 1세기 유대 법정은 진상 규명에 관련한 수사보다는 증인의 능숙한 언변과 증인을 내세우는 진술에 의존한 법정 절차였다.[55] 그러다 보니, 증인으로 나선 사람이 제공하는 감동적인 증언으로 재판이 판가름 나는 것이 현실이었다. 우리는 다른 복음서에서 이러한 사례를 찾아볼 수 있다(마 26:60; 막 14:57~59). 한

55) A. E. Harvey, *Jesus on Trial: A Study in the Fourth Gospel*, London: SPCK, 1976, 46쪽 이하를 보라.

예로, 증인들이 동의하지 않자 대제사장은 예수님을 상대로 재판을 급하게 서둘러 형을 선고한다. 불법적인 법정 절차의 심각한 문제를 드러내고 있는 셈이다. 이럴 때 대제사장은 아무런 형을 내릴 수 없는 상태임을 예수님 스스로 지적하신다. 이 사례는 완전히 편파적인 불법 재판 드라마였다.

또한 바리새인들은 예수님을 상대로 기소하기 위해 비공식적 재판까지도 서슴없이 치른다(5:16). 여기에서 죄명은, 예수님이 병자더러 안식일에 그의 무거운 침대를 들고 가도록 선동했다는 것이다(5:8~10). 그런데 여기서 하나 분명히 해 둘 것은, 종종 이 시간을 '핍박'(Persecution)으로 오역하기도 하지만, 이는 분명히 종교적 핍박이 아니라 법정 절차인 '기소'에 해당한다. 영문 번역의 오해로 보아야 한다. 예수님은, 아버지께서 결코 일을 멈추신 일이 없으시므로 아버지의 아들 역시 일해야 한다고 자신을 변호하신다. 증인을 세우지도 않은 채 진행된 예수님의 변호는 더 나아가 안식일 계명을 어긴 죄명에다 신성 모독죄까지 또 하나 추가하는 법정 사례로 발전된다. 이 두 가지 위법 행위는 당대 법정 절차에 따르면 두 번씩이나 돌에 맞아 처형을 받을 수 있는 사형선고에 해당하는 셈이다.

그래서 요한복음 저자들은 우리 배심원단들을 상대로 예수님이 진정한 하나님의 아들이라는 진상을 설득하기 위해 어마어마한 단체를 기용하고 있다. 첫 증언은 세례 요한에 의해 제시되고 있다(1:34). 그다음은 안드레(1:41)와 나다나엘(1:49), 베드로(6:69) 등과 같은 다른 증인들이 등장한다. 당대 남자 중심의 세계에서 여인들의 증언이란 법적 효과도 없었지만, 여인들 또한 증인으로 나선다. 재판이 제대로 진행되는 장면은 5장에서부터 볼 수 있다. 그 이후로 예수님은 세례 요한과 더불어 법정에 서신다. 예수님 스스로 준비하신 추가 증언 역시 우리가 볼 수 있다(5:33 이하). 예수님은 모세의 사례(5:45)와 아브라함의 사례(8:33 이하) 등 과거 판례를 들춰내며 맞서신다(5:39). 그분은 당신께서 행하신 이적과 행위들을 증거로 내세우며, 당신 자신은 하나님께로부터 와서 이렇게 살아 있는 이적을 드러내고 있노라고 항소하신다(10:25). 이러한 법정 투쟁이 계속 진행되는 동안, 나사로를 살리신 사례가 더 심각한 법정 충돌을 유발한다. 예수님은 유대 법조계 인사들이 자기들끼리 머리를 맞대고 재판 시스템을 '짜 맞추도록' 의도적으로 잠깐 시간을 주는 사이, 한동안 자신을 위한 침묵의 시간을 버신다.(11:47 이하)

몇몇 바리새인들은 예수님을 하나님께로부터 보냄을 받은 선생으로 인정하려는 분위기다(3:2). 하지만 대다수는 하나님에 대한 그들의 이해에 근본적으로 도전된다면서 이를 지지하지 않는다. 유대인들은 예수님을 '신성 모독자', '거짓 교사', '미친 사람' 혹은 '사마리아 귀신 들린 자' 등으로 딱지를 붙이면서 독설적인 대립의 각을 세운다(8:48). 예수님을 상대로 점점 죄명을 확증시키려는 단계다. 이런 식으로 예수님을 코너로 몰자, 예수님은 유일하신 대 증인이신 아버지 하나님께 부르짖을 뿐이다(8:18, 28). 이러한 가운데 예수님은 아버지 하나님이 이 모두를 말씀하시고 행하신다고 증언한다. 그러므로 예수님 자신은 이 모두를 위해 하나님의 우주적 대리인으로 보냄을 받았다고 선언하신다. 예수님은 그들의 지혜를 능가하는 자리에서, 오히려 그들을 상대로 정죄하는 동안, 그를 재판하려는 재판관인 관료적 교회 구조를 산산조각 내신다. 또한 신비롭고 신성한 음성이 하늘로부터 내려와 예수님의 주장에 타당성을 제공하게 되는 중대한 역할을 돕는다(12:28). 폐쇄적 신학 시스템 옹호자들은 새로운 진리를 기꺼이 받아들이거나, 아니면 그들의 신학적 상자 밖에서 조종하는 이를 토벌하든지, 오로지 하나의 선택만이 있을 뿐이다.

예수께서 빌라도 앞에 서자 그들의 대화는 왕권에 초점을 맞춘다.

'예수의 왕권이 이 세상의 것이냐, 아니면 차후 세계의 것이냐?' 이것이 빌라도의 관심사다. 빌라도는 정치적 편의주의 수법으로 진리를 희생시키면서 선언하며 결론을 내린다. "예수는 몽상가일 뿐이다!" '만일 예수가 진정한 하나님의 아들이라면 예수의 신성한 왕권이 시저의 통치를 잘라 낼 수 있다.'는 것을 빌라도는 볼 수 없다. 빌라도의 눈에 비친 예수님은 전혀 왕이 될 수 있는 품위를 가진 자가 아니다. 그에게서 왕은커녕 왕좌지재(王佐之才)조차 보이지 아니한다. 잔인하게 고문당한 채 너무나 초라한 모습이다. 그런 모습을 더는 보기도 싫다는 듯 사나운 짐승처럼 짖어 대는 군중에게 넘겨 주고 만다. 이러한 관점에 도달한 요한복음을 접하게 되면서, 우리는 이제 예수님과 유대 법정 사이의 투쟁이 아니라, 교회와 세상 사이에서 벌어지는 그 시련의 국면으로 볼 수 있는 눈이 열려야 한다.

저항문화 자료들

이 장 서두에서 이미 언급한 바 있는 머핀 목사는 여섯 명이 들어갈 수 있는 짐바브웨 한 감옥에 감금되었다. 그 감방에는 피로 얼룩진 아주 더러운 이층 침대 세 개가 양쪽에 자리하고 있었다. 시멘트로 만든 긴 의자 두 개와 구석 바닥에 더러운 냄새가 진동하는 구멍만 달랑 뚫어놓은 화장실 변기가 있었다. 믿거나 말거나, 그 감방에는 열여덟 명이 감금되었다. 경비요원들이 한 명을 끌고 들어온 후 바닥에 앉혔다. 그러고는 그에게 욕지거리를 하면서 발목을 연신 걷어찼다. 그런 후 그의 손에서 수갑을 마구 벗기자 손목에서 피가 났다. 그는 앉은 채 끙끙대며 신음하고 있었는데, 수갑을 찬 채 지난 사흘 동안 지냈다고 했다.

이 세상의 시스템은 그동안 지켜 온 권력을 재편성해야 하는 진보적인 질서를 환영하지 않는다. 그러자 사람들은 두려워한다. 탄압으로 권력을 유지하려는 정부는 그 권력에 반대하는 이들을 두려움으로 정신까지 마비시키려 한다. 이런 이유로, 예수님은 진리를 위해 세상에 맞서려고 하면 위험과 거짓증언, 협박과 핍박을 받게 되는 구조 악의 피해를 감수해야 할 것이라며 하나의 선을 그으신다(15:18). 하지만 도움은 가까이에 있다. 우리에게 '새로운 변호자'를 하나 허락하신 것이다. 종종 그리스어 '파라클레테'(*paraclete*)는 문자적으로 '다른 사람의 편으로 부름을 받은 사람'을 칭하는 말인 '위로자'(Comforter)로 잘못 번역되기도 한다. 하지만 '파라클레테'는 '도와주는 사람'(Helper)이나 '후원자'(Patron), '상담자'(Counsellor) 혹은 '변호자'(Advocate) 그 이상의 의미가 있는 말이다. 법정 용어로 말하자면, 억울한 일을 당해 소송을 신청한 원고를 유리하게 변호해 줄 수 있는 아주 가까운 존재를 칭하는 말이다. 예수님이 하나님의 대리인이신 것처럼, '파라클레테'가 예수님의 대리인으로서 우리 곁에 가까이 다가와 우리의 말이 딸리고 증언에 실패할 때 우리를 위해 대신 변호해 주는 분이시라는 것이다. 고별인사로 대신하는 13장부터 17장에서, 예수님은 앞으로 직면할 험악한 세상 형편을 설명하시면서, '파라클레테'는 단지 말씀으로만 도우시는 분이 아니라 행동으로도 도울 것이라고 소개하신다(14:12). 아버지 하나님이 예수님의 든든한 후견자가 되어 주신 것처럼, 이제 제자들 역시 하나님께 대한 똑같은 접근 기회를 갖게 된 것이다(16:26 이하). 12장에 이르기까지, 복음서 저자들은 "그가 자기 땅에 왔지만 자기 백성은 그를 받아들이지 아니하였다."(1:11)는 서론의 부정적인 진술에 논평한다. 고별 말씀 속에서 저자들은 긍정적인 편에서 말한다. "영접하는 자 곧 그 이름을 믿는 자들에게는 하나님의 자녀가 되는 권세를 주셨으니"(1:12)

1985년 브라이언 키난(Brian Keenan)이 베이루트(Beirut)를 방문할 당시 근본주의자들인 시아파(Shi'ite) 민병대들에게 납치되어 4년 반 동안 감금되었다. 그의 책 「사악한 요람」(An Evil Cradling)에서는 그가 당했던 상상을 초월하는 끔찍한 공포와 소름 끼치는 상황을 회고한다. 때로는 함께 인질로 잡혀 구금된 동료 존 매카시(John McCarthy)와 같은 감방에서 지내야 했다. 성령에 관한 전통적인 교회 용어를 사용하지도 않은 채 브라이언 키난은 신비한 현존으로 그에게 다가온 성령에 관한 경험을 하는 듯 했다.

> 때로는 하나님이 아주 사실적이고 친밀하게 우리에게 가까이 다가온 것처럼 느꼈다. 우리는 기독교 전통 안에서 말하는 하나님에 관해 논하지 않았지만, 더욱 원시적인 어떤 세력, 더욱 가까이 있고 활력 넘치며, 신조의 세트로 묶어 놓은 그 무엇보다 더 가까운 임재를 나누었다. 우리의 솔직함이 우리 감정의 실제를 분명히 드러낼 수 있었다. 우리 둘 다 그 세력과 그 무게를 논하고 있었다. 우리는 부끄러운 줄도 모른 채 기도하고 있었다. … 그 나름대로 격리된 우리의 환경은 가슴 속에서 넓혀졌으며, 멀리 동떨어진 하나님을 찾고자 한 것이 아니라, 무엇이든 간에 하나님이 될 수 있는 그 무엇에 일부가 되기를 추구했다. 인간화되신 하나님(A humanized God)이 어떠할 수 있는지, 우리에게 주신 그 통찰력의 근본 경험을 통해 우리는 그런 날들을 보냈다.56)

예수님이 약속하신 신성한 후견인은 당시 위협당하고 있던 제자들에게 가장 든든한 후원자였다. 그리스도인들과 자선을 베푸는 사람들이 잘못된 혐의를 받기도 하고, 구금되기도 하며, 심지어 죽음을 경험하게 될 때, 초자연적인 변호인은 그들을 보호하기 위해 발

---

56) Brian Keenan, *An Evil Cradling*, London: Vintage, 1992, 99쪽을 보라.

길을 옮긴다. '파라클레테'가 제자들에게 호의를 베풀며 그들을 돕는 동안 이 변호인은 거짓과 맞선다. 높은 권력자들의 욕망과 끝없는 탐욕 때문에 수많은 무고한 백성이 고통당하는 세상이 바로 우리가 사는 세상이다. 복음서 저자들은 한 분을 소개하려고 한다. 역사를 통해 정의를 떠받들며, 사악한 자들을 심판을 넘기고, 거절당한 이들을 끌어안으며, 끝내 지난 잘못을 보상해 주는 한 분, 숨어계신 듯하나 더 높은 하나의 임재(A hidden Presence), '파라클레테'를 가리킨다.(16:8~11)

뻐꾸기 둥지

켄 키지(Ken Kesey)의 유명한 소설 「뻐꾸기 둥지 위로 날아간 새」(*One Flew Over the Cuckoo's Nest*)는 1960년대 미국의 한 정신질환자 보호소에 수감 중인 재소자들의 삶을 다룬다. 이곳은 바로 질서와 통제, 그리고 사람을 분류시킨 폐쇄적인 세계를 소개한다. 이곳에 들어오자마자 재소자들은 온갖 부적절한 딱지를 받는다. 소위 수간호사라 불리는 간호사와 그녀 동료에 의해 무차별적 치료 체제를 경험하며 무시무시한 압박을 받는다. 이렇게 우중충하고 포악한 울타리 안에서 거친 다이아몬드 같은 맥머피(McMurphy)가 등장한다. 이 소설이 영화로 재편되자 잭 니콜슨(Jack Nicholson)이 그 배역을 기가 막히게 소화해 낸다. 그는 떠들썩하고 도박을 즐기는 인물로, 겁먹은 동료 재소자들을 위해 이 보호소 안에서 일종의 전쟁을 일으킨다. 급성환자 중 한 사람인 하딩(Harding)은 맥머피에게 소란 좀 그만 피우라고 타이른다.

"나의 친구야, 이 세상이 … 강한 자들에게 속했다네! 우리 존재의 의식이란 강한 자들에게 기초한 것으로, 그들은 약한 자들을 먹어 치우면서 더욱 더 강해진다네. 우리는 이렇게 대처할 수밖에 없다네. … 우리는 자연계의 법대로 따라 사는 법을 반드시 배워야 한다네. 토끼들은 그들 존재를 깨닫고 그들의 역할을 받아들이면서 세상이 강하다는 것을 인식한다네. 자신들을 방어하기 위해 토끼들은 교활해지기도 하고, 겁을 먹은 채 교묘하게 굴을 파기도 하고 숨기도 한다네. … 토끼는 자기 처지를 잘 안다네." 그러자 맥머피가 대답한다. "이보게, 자네 정말 바보처럼 말하는구려. 자네 말은, 그 자리에 앉아서 나이 든 파랑 머리 여자가 자네에게 다가오면 자네를 토끼로 만들어 달라 부탁이라도 하겠다는 말인가?"57)

이 소설은 맥머피가 열두 명의 재소자들을 데리고 보호소 밖으로 나가 한동안 자유를 만끽하는 데서 그 절정에 달한다. 하지만 보호소는 통제를 위한 최종적인 제재를 강화하기 위해 맥머피에게 소위 뇌엽절리술(Lobotomy)58)로 불리는 끔찍스러운 뇌수술을 감행한다. 결국 그는 식물인간이 되고 만다. 이 세속적인 소설에서 맥머피는, 마치 그리스도와도 같은 상징적인 모습으로 등장한다. 곤두박질친 관료기관의 문화적 침략을 바꾸려다 엄청난 대가를 치른다. 하지만 엄청난 희생을 치른 그 노력은 겨우 새 생명의 씨를 뿌리는 정도였다. 그런데 이 보호소에서 일어나는 일을 낱낱이 소개하는 이 책의 해설자이기도 한 건장한 인도계 미국인 칩 브롬덴(Chief Bromden)이란 남자가 있다. 브룸 족장(Chief Broom), 즉 막대기 걸레란 별명을 가진 인물로, 보호소에서는 직원들과 재소자들 모두 그가 눈이 멀었거나 말을 못한다고 믿는다. 그도 그럴 것이, 이곳에 들어와 10년이 넘도록 말 한 마디 하

---

57) Ken Kelsey, *One Flew Over the Cuckoo's Nest*, London: Picador, 1973, 61쪽을 보라.
58) 대뇌(大腦)의 전두엽백질(前頭葉白質)을 잘라 시상(視床)을 단절시키는 수술이다.(역자 주)

지 않고 지냈기 때문이다. 모두 그를 그렇게 믿는 동안, 그는 말을 하면서 문을 부수고는 유유히 보호소를 나와 자유롭게 걸어 나간다.

허영의 장터

존 번연의 「천로역정」(Pilgrim's Progress)에는 '허영의 장터'(Vanity Fair)라는 이름으로 소개되는 시장이 있다. 감옥에 갇힌 존 번연은 허영의 장터에서 무슨 일이 일어나고 있는지 우리에게 소개한다.[59] 이곳은 법정을 회복한다는 이름 아래 새로운 도시를 꿈꾸고 있지만, 시간을 초월하여, 이 시대 우리의 소비 중심 사회를 겨냥한 하나의 풍자적인 묘사다. 또한 돈이 모든 것을 다스리는 곳이다. 물건을 사고팔며 돈이 오가는 바쁜 장터요, 국제 상업의 도시요, 놀이공원과 유흥 장소이기도 하다. 지하 범죄의 소굴이 되기도 하고, 흥청망청 상류층 사람들의 삶이 돌아가는 도시이기도 하다. 이러한 문화 속에 사는 도시민들은 주어진 상황에 선뜻 부응하기도 하고 타협하기도 한다. 하지만 순례자와 그 동행자들은 그들과 전혀 다르다. "무엇을 사시렵니까?" 그들이 물었다. 순례자 일행은 대답했다. "우리는 진리를 사려 합니다." 그러자 상인들은 당장 이 순례자 일행을 미친 사람들이라고 꼬리표를 붙인 후 감금시키고 재판에 넘긴 뒤 형을 내린다.

현대적 해석 차원에서 볼 때, '허영의 장터'는 무엇이 잘못되었나? 이곳에서 누가 우리의 적인가? 어떤 이는 '세계화'가 우리의 적이라고 대답한다. 하지만 여러 차원에서 무서운 속도로 질주해 오고 있는 대형 트럭과도 같은 세계화의 힘을 문화적 관점에서 무슨 수로 막을 재

59) John Bunyan, *The Pilgrim's Progress*, London: Collins, 1953, 104쪽을 보라.

주가 있겠는가? 다른 이들은 이 거대한 힘을 '소비주의'라고 꼬리표를 붙인다. 그렇다면 얼마만큼 허리띠를 줄여 가며 검소하게 살아야 저항 문화의 증인으로서 효율적 삶을 사는 그리스도인이라 말할 수 있겠는가? 이 같은 말은 우리가 아무것도 할 수 없다는 뜻이 아니라, 이러한 문제들은 앞에 두고 지레 겁먹어 아무것도 할 수 없다는 허무감에 빠질까 염려된다는 뜻이다. 더 나아가 교회 또한 이러한 문화적 질병에 쉽게 걸려 그 예언의 기능이 마비될 수 있다는 게 걱정이다. 몇 년 전 내가 이 같은 경험을 한 적이 있다. 중산층 성도들이 많이 모이는 한 큰 교회에 비치된 게시판 이슈들을 염두에 두고 하는 말이다. 풍성하게 소개한 정보들 속에서, 앞으로 있을 두 가지 이벤트가 내 시선을 끌었다. 그 하나는 골프 선수권 대회 광고였고, 다른 하나는 주빌리 2000 조직위원회의 광고였다. 런던 시민 수천 명이 참석하는 제 2, 3세계 나라의 빚 청산 시위 초청 광고였다. 신청인 명단 첫 장에 38명이, 두 번째 장에 5명이 서명한 것을 보았다.

전투적인 이슬람 관점에서 볼 때, 적이라 하면 우리를 타락시키는 세속문화의 혼합물, 소비주의, 미국화(Americanization), 이스라엘의 제국주의 등을 들 수 있을 것이다. 그래서 자살 폭탄으로 공격하는 종말적 방법만이 낙심한 소수파가 할 수 있는 유일한 방법으로 결론지었다. 우리의 소비주의 서구문화 중에서, 헛수고도 아니요 종말적 방법도 아닌 그 어떤 방법으로 사악함에 대항하여 싸우는 방법은 없을까? 우리가 이러한 문화의 공기를 들이마시고 사는 동안, 어떻게 하면 우리 안팎의 적과 마주치지 않고 살 수 있을까? 하나의 방법을 제시하고 싶다. 이 모든 시대적 혼란 속에서, 혼합되어 거대하게 포장된 문화적 구성 요소들을 따로따로 분해하여 처리하는 방안을 시도해 볼 수 있다. 여러 가지 문화적으로 혼란스러운 상황 속에서, 하나씩 별도로 떼어 놓고 생각해 보자. 예를 들면, 외국인 혐오증과 인종차별주의를 같이 묶어 대책을 세워 보고, 배제정책이나 사회적 따돌림을 하나로 묶어 대책을 세워 보자는 말이다. 그 외 과대광고나 거짓 선전, 제 2, 3세계 빚 청산 운동과 불공평한 부의 분배 등 굵직한 사회적 이슈들을 하나씩 별도로 떼어 그 해결책을 시도해 보자는 말이다. 이런 식의 시도는 아마 대로를 나서기 전 걷기 좋은 샛길로 볼 수 있을 것이다. 하나의 이슈를 놓고 차근차근 캠페인을 벌이다 보면 무언가 달라질 수 있을 것이라고 생각한다.

세상 바꾸기

한 지방의 크리스천 에이드 조직위원인 클라이브(Clive)가 독일 쾰른에서 있었던 G8 정상회의 도중 있었던 이야기를 소개한다. 도로변에 밀려든 수천 명의 흥분한 군중의 시위가 진행되는 동안 그는 한 나이 많은 여성을 만났다. 그녀는 전쟁 이미지의 페이스 페인팅을 하고 있었다. 게다가 노인의 몸으로 시위대 속에 끼어 힘을 다해 드럼을 치고 있었다. 클라이브는 그녀에게 다가가서 말을 걸었다.

"할머니, 아주 신이 나 보이십니다."

"맞아요! 맞아요! 맞아요! 난 내 생애의 남은 시간을 이렇게 즐기고 있답니다."

클라이브가 곁으로 가까이 다가가서 함께 벽에 기댄 채 그녀를 바라보자, 그녀는 잠시 치던 북을 멈추었다.

"전 클라이브라고 합니다."

"난 아이다(Ida)라고 해요. 여든 네 살이랍니다."

"반갑습니다, 아이다 할머니. 어디서 오셨지요?"

"난 영국의 턴브리지 웰스(Tunbridge Wells)[60]에서 왔습니다."

클라이브는 잠시 뒤로 몸을 움직여 다시 그녀를 빤히 바라보았다. 그녀는 전혀 턴브리지 웰스에서 온 80세가 넘은 노인으로 보이지 않았다.

"난 일평생 교회를 다녔답니다. 교회에서 커피 모닝을 주관하고, 성가대서 찬양도 하며, 교회 주방에서 설거지도 하고, 성탄절이 되면 크리스마스 페어(Fayre)로 아주 바쁘게 일해 왔답니다. 여든 살이 될 무렵 나 자신에게 물었지요, 지금껏 일생 동안 내가 무얼 했느냐고. 서글프게도 난 별로 한 일이 없다고 결론 내렸지요. 그런데 지난 주빌리 2000년 캠페인 때 어떤 상상이 나를 붙들었어요. 난 건강의 복을 받았으니 이제 내게 남은 이 기력이 동나기 전 무언가 반드시 해야 한다는 결론을 내렸지요."

"그러시다면 지금 무엇을 하고 계시나요?"

그녀는 곧장 다시 드럼을 치기 시작하더니 목소리를 최고조로 높이고는 소리쳤다.

"나는 세상을 바꾸고 있답니다! 나는 세상을 바꾸고 있답니다! 나는 세상을 바꾸고 있답니다!"

자투리 세상

예수님은 힘없는 자들과 더불어 결속의 모범을 보이셨다. 우리 중 대부분 사람은 가장자리로 물러난 이들과 그들을 그런 곳으로 밀려나게 한 장본인들과 그러한 시스템에 대해 특별히 손을 쓸 수 없다며 합

---

60) 영국 켄트 주의 동남부 도시. (역자 주)

리화하려 한다. 우리 사회에서 이러한 일을 놓고, 사악한 죄로 딱지 표를 붙이는 것은 어쩌면 오류가 있을 수도 있다. 하지만 그러한 오류는, 우리가 그런 상황을 보고 부정적으로 낙인을 찍는 것보다 더 좋은 승산의 기회가 있다. 교회는 오로지 가난하고 소외된 자들과 함께할 때만이 저항 문화 공동체(A counter-cultural community)가 된다. 이러한 일을 하기 위해 그리스도인들은 안락한 자리를 털고 일어나 상자 밖으로 나가야 한다. 낯설고 궁핍한 사람들, 그리고 힘없는 이들의 거주지로 들어가 그들과 함께하는 '성육화'할 때, 비로소 교회의 쇄신적인 이미지를 되찾게 된다. 소외된 자들은 비단 우리가 사는 도시 안에서만 만날 수 있는 것이 아니다. 지방 어디를 가더라도 부유한 사람들이 사는 곳이면 그 뒤편에 숨어 사는 그들을 얼마든지 만날 수 있다.

제러미(Jeremy)는 어떤 부잣집이 에이지 컨선(Age Concern)[61] 음식 배달을 받는 것을 목격하고 당황했다. 음식 배달을 받은 그 집에는 부유한 사람들이 살고 있었다. 그 집 차고에는 BMW 차들이 있고, 최근 집을 확장해서 어림잡아 시가 10억 원에 가까운 집으로 보였다. 제러미는 정문이 아닌 뒷문을 통해 음식을 갖다 달라는 주문을 받았다. 뒷문으로 가는 통로는 자갈을 깔아 놓아 밟을 때마다 소리가 났다. 그 통로를 따라 정원으로 가는 문을 통과한 후 잠긴 뒷문 앞에 서서 문을 두드렸다. 들어오라는 소리를 듣고 집 안으로 들어섰다. 그는 곧장 식당 방으로 들어갔다. 연로하기는 했지만, 오히려 건재하게 보이는 80대 할머니를 만났다. 안나(Anna) 할머니는 홀로 의자에 앉아 있었다. 한때는 이 거대한 집에서 혼자 살았다고 한다. 지금은 이 집을 아들과 며느리가 소유하고 있었다. 그런데 아들과 며느리는 그 큰 집에서 조금씩 조금씩 그녀를 한쪽 코너로 몰아 붙였다. 그러고는 지금은 할

---

61) 2차 대전 이후 공식적으로 50세 이상 홀몸노인을 대상으로 음식배달과 건강관리 등 여러 가지 자선 혜택을 제공하는 영국의 노인 자선 기관으로, 지금은 여러 나라에서 활동 중이다.(역자 주)

머니 냄새가 풀풀 나는 우중충한 방 한 칸으로 몰아붙인 후 집을 나갔다. 그런 후 이 집 식구들은 그녀를 전혀 돌보지도 않고 어떻게 사는지 물어보지도 않는다고 했다. 심지어 함께 살았던 두 명의 10대 손자들까지도 더는 방문을 하지 않았다. 그녀의 생계 수단은 오로지 전화뿐이었으며, 가끔 간호사와 에이지 컨선 직원들이 방문할 뿐이었다. 제러미는 음식을 배달하고 돌아오는 길에, 오늘 자신의 눈으로 본 장면을 생각하니 도저히 분을 참을 수가 없었다.

제러미에게 그날 느낀 분노는 다른 무슨 중대한 일을 알리는 일종의 호출 신호 같은 것이었다. 안나 할머니의 집을 떠나오면서, 그 집 주변의 아름다운 자연환경조차 그에게 고통으로 다가왔다. 부잣집 안에서도 따돌림을 당한 채 숨어 사는 한 노인의 사회적 모순을 목격한 제러미는 아름다운 환경이 오히려 구역질 날 정도로 불쾌하기만 했다. 그는 이러한 분노를 경험하고 한동안 괴로웠다. 그리스도인들은 분노해서는 안 된다고 그는 배웠다. 하지만 그 속에 끓어오르는 불편한 심기는 도저히 어쩔 도리가 없었다. 그에게 이러한 경험은 기필코 선한 일을 추구해야 한다는 다짐으로 바뀌면서 그 자신 속에서 발견한 상자를 마구 부수고 있었다. 예수님 역시 이러한 분노를 느꼈을 것이라는 생각이 들었다. 그 자신의 분노가 의롭다고는 말할 수 없지만, 그로부터 그는 무언가 해야 한다는 결심에 도달한 것이다. 지금까지 생각했던 그의 자선은 충분하지 않았다. 외롭게 살아가는 사람들이 우리 이웃에는 얼마나 많은가? 그 이후 제러미는 그가 무엇을 해야 할지 새로운 의제를 발견하게 되었다.

질문

1. '낯설고, 가난하며, 소외되고, 외칠 수 없는 이들'에 관한 말을 들을 때, 당신이 사는 주변에 어떤 그룹들이 그러한 이들인가? 그리스도인들이 그들과 함께하기 위해 그러한 지역에서 무엇을 할 수 있다고 보는가?

2. 당신의 능력이 작다고 생각할지 모르지만, 당신이 처한 세상에서 벌어지는 부정의와 압박 등 큰 문제 등을 상대로, 세상을 바꿀 수 있는 어떤 행동을 취할 수 있다고 생각하는가?

3. 경쟁 관계로 치닫고 있는 이 세대 속에서 그 원인과 치유를 위해 당신은 하나님의 성령에 감동하여 어떠한 예언의 목소리를 듣고 있는가?

기도

나는 지나치게 편안하나이다.
나는 내 신앙을 민영화(民營化)한 채 날카롭고 예언적인 그 내용을 다 비웠나이다.
나는 편안한 내 교회와 위생 처리된 복음에 아주 만족하나이다.
나는 가난하고 낯선 사람들, 소외된 채 길 잃은 그들과의 접촉을 그만두었나이다.
내 삶의 방식은 욕망의 문화 속에 갇혀 비그리스도인들과 그리 다를 바가 없나이다.

내가 사는 이 세상을 바라보며 근본적인 질문을 할 수 있도록 도우소서.

세상이 달라지게 하기 위해 나와 내 성도들이 무엇을 보아야 할지 가르치소서.

정의와 의로움에 걸맞은 삶을 살 수 있도록 적절하고 똑똑한 용기를 허락하소서.

모든 억압받는 이들의 해방자가 되시는 예수 그리스도의 이름으로 비옵나이다.

아멘.

정의와 자유의 주님,

잘못된 법정 판결을 받고

잔인하게 고문당한 채 구금된 모든 양심수를 위해

기도하옵나이다.

단지 법을 알리고 집행하며 유지하기에 급급한 판사들과

압제 정치 정부 아래 인권을 보호하려고 애쓰는 이들을 위해

기도하옵나이다.

믿음을 지키기 위해 핍박 받는 그리스도인들과

소수 종교 집단 취급을 받아 피해자가 된 채

두려움에 떨고 있는 이들을 위해

기도하옵나이다.

흐르는 물결처럼 공의로 하나님의 정의와 진리가 승리할 수 있도록

새로운 질서로 이 세상을 다시 이끌 수 있도록

이 땅의 한 사람 한 사람이 평화와 소망을 기증받을 수 있도록

기도하옵나이다.

아멘.

7장

고통과 탄원

Passion
and
petition

제자는 값비싼 희생을 요구받게 될지도 모른다. 특히 기도와 순종이 요구된다. 예수께 당신의 사랑을 표현하는 길은 사랑과 헌신 그 외에 다른 것은 없다.

한순간 숨이 멎는 듯한 감동을 경험했다. 바흐(Bach)의 합창단이 "내가 세상을 떠날 때 내 가까이 계시소서"(Be near me Lord when dying)를 부를 때 로열페스티벌홀(Royal Festival Hall)은 손에 만져질 듯 다가왔다. 나는 40년 전 마태수난곡(St. Matthew Passion) 연주를 이 자리에서 처음으로 들었다. 연주 첫 번째 부분의 형식은 아침이었고 두 번째 부분은 오후였는데, 변한 게 없었다. 이 바흐의 대작 해석은 지난 몇 년 동안 오케스트라의 규모를 줄이면서 더욱 섬세하게 발전해 왔다. '예수께서 운명하시다'(Jesus yielded up the ghost). 이 '전도자의 선언' 이후 잠시 지키는 침묵은 전과 전혀 다름없이 진행되었다.

이틀 전 나는 영화관에 앉아 멜 깁슨(Mel Gibson) 감독의 '패션 오브 크라이스트'(The Passion of Christ)를 관람하였다. 그리스도께서 죽음 앞에서 고통스러워하시는 그 순간, 잠깐의 '침묵'을 표현하는 장면을 보며 나름대로 깊은 생각에 잠겼다. 숨 가쁘게 진행되던 고통의 이야기 도중 잠깐 멈춘 그 짧은 침묵은 마치 할리우드 영화사가 눈물이라도 흘리는 듯한 표현이라 생각했다. 그 침묵 이후 곧이어 지진이 일어나고 그리스도의 적들이 흩어지기 시작하면서 부활의 조짐이 다가옴을 시사했다. 하지만 그러한 부활의 희망은 섬광처럼 그렇게 금세 나타나지는 않았다. 오히려 수그러들지 않은 채 끊임없이 가해지는 고문은, 영화 중 그리스도와 영화관의 관람객들 모두 대신 지불해야만 하는 형벌처럼 느껴졌다. 끝내 이룬 불가사의한 부활의 승리는 실로

상자 속에서 나오라

감격스러웠지만, 계속해서 기억 속에 잔영으로 머무는 찢긴 그리스도의 고난 그 이미지를 지우기란 그리 쉽지 않았다. 헌신적인 사랑과 기쁨의 발광(發光)은 바흐의 대작에 깊이 스며들어 있으며, 충격과 참혹한 공포 묘사 역시 깁슨의 연출에 관을 씌운다.

이 두 가지 수난의 프레젠테이션 모두 창조적이다. 둘 다 서로 연결되어 있다. 복음서 기자들 각자가 그들이 기록했던 현장에서 밖으로 나와 예수님의 사건을 특유의 실로 잣는 듯 묵상한다. 바흐나 깁슨 둘 다 당시의 상황을 우리에게 이런 차원에서 말해 준다. 바흐의 것은 18세기 합창곡 식의 프로테스탄트주의(Chorale-singing Protestantism) 산물이다. 두 번째 깁슨의 것은 20세기 우리의 폭력적 이미지를 도입한 해석에 기초를 두었다. 바흐의 프레젠테이션에는 유혈 폭력물을 걷어 내 버렸다. 하지만 깁슨은 그리스도인들이 더는 공포로부터 숨어 안일한 종교 상자(Cosy religious box)에 갇혀 있어서는 안 된다며 오히려 고문을 영광스럽게 미화하였다.

고통의 상황

예수의 십자가 곁에는 그 어머니와 이모와 글로바의 아내 마리아와 막달라 마리아가 섰는지라 예수께서 자기의 어머니와 사랑하시는 제자가 곁에 서 있는 것을 보시고 자기 어머니께 말씀하시되 여자여 보소서 아들이니이다 하시고 또 그 제자에게 이르시되 보라 네 어머니라 하신대 그때부터 그 제자가 자기 집에 모시니라 그 후에 예수께서 모든 일이 이미 이루어진 줄 아시고 성경을 응하게 하려 하사 이르시되 내가 목마르다 하시니 거기 신 포도주가 가득히 담긴 그릇이 있는지라 사람들이 신 포도주를 적신 해면을 우슬초에 매어 예수의 입에 대니 예수께서 신 포도주를 받으신 후에 이르시되 다 이루었다 하시고 머리를 숙이니 영혼이

떠나가시니라(19:25~30)

  예수님은 요한복음에서 자신을 해하는 어떠한 고난도 스스로 선택한 길이나 뜻을 바꾸어 놓을 수 없다는 듯 제왕에 걸맞게 고난을 견디신다. 공포는 길들여졌으며 고난은 위생 처리되고 살균되었다. 그의 고난 수행은 감탄하리만큼 오히려 승리의 행진으로 이어진다. 물론 잔혹성은 제거된 것이 아니라 여전히 남아 있다. 대제사장 앞에서 예수님은 뺨을 맞는다. 그러나 오직 한 번뿐이다. 마가복음과 마태복음의 저자들에 따르면, 채찍질 당하시는 그리스도, 가시 면류관을 쓰시는 그리스도, 군인들에게 조롱받고 고난 겪으시는 그리스도의 모습을 더욱 생생하게 기록하고 있다.(19:1)

  하지만 요한복음에는 놀랍게도 십자가를 따르는 동안 우는 사람들이나 군중, 제사장들의 소란스러운 조롱 등이 빠져 있다. 단지 '유대인의 왕'이라고 붙인 문구 때문에 빌라도를 상대로 불평하는 상황만을 잠시 포함하고 있다. 다른 복음서에서는 십자가 처형 주변의 정신 없이 바쁘게 돌아가는 여러 장면을 한 다발로 묶어 놓은 상황처럼 느끼게 하는 동안, 요한의 십자가는 "다 이루었다."는 승전보로 의기양양한 분위기와 함께 심미적 관조와 클라이맥스(Climaxes)에 깊이 잠겨 있는 인상을 준다.

  그렇기는 하지만 복음서의 저자들은 그들 특유의 윤기를 더한다. 사랑받은 제자는 베드로도 아니오, 예수님의 형제도 아닌 마리아와 더불어 예수님의 전통 상속자요 아들로 임명을 받은 자이다. 이러한 사건들은 또한 그분의 영광에 대한 증인으로 역사하는 성경의 예언들을 성취하기 위해 드러났다. 예수님의 마지막 옷은 찢겨 나누어졌고, 신 포도주 맛을 보았으며, 다리는 꺾이지 않았으며, 옆구리는 창에 찔렸다. 이 모두 성경의 예언과 일치한다. 또한 예수께서 흘리신 피와

물에 대한 증언, 숨을 거두신 기록 역시 마찬가지다. 이러한 표시들은 특별히 당대 예수 그리스도는 단지 육체적인 인성의 모형만을 지녔다는 '이원론적 사고'에 반하여 중대한 증거를 제시하기 위한 목적 또한 포함되어 있었다. (요일 5:7 이하)

위험한 세상

솔기가 없는 두루마기의 언급은 자칫 잘못하면 쉽게 지나칠 수 있는 중요한 상징이다. 주석가들은 이 대목의 중요성을 몇 가지로 달리 해석한다. 어떤 이는 그리스도의 제사장으로서의 사명을 일깨우는 차원에서 우슬초와 관련지어 제사장의 의복으로 해석하려 한다. 그러나 다른 한편으로는, 이 피로 얼룩진 예수님의 의복은 당대 로마가 통치하던 그 험한 세상에서 나갈 길을 모색해야 할 솔기가 없는 교회의 두루마기(The seamless robe of the Church)를 대표할 수 있다고 해석하기도 하지 않은가. 교회(The Church; 지구촌 교회)는 우리가 4장에서 본 바처럼, 그 무엇보다 솔기가 없었다. 십자가에 못 박힌 그리스도의 몸은 상처와 피로 처참하게 얼룩지기는 하였으나 부서지지는 않았다. 그러한 그리스도의 모습 역시 희망조차 바랄 수 없는, 연합된 교회의 헛된 상징처럼 보였다.

유대계 그리스도인들이 사마리아계 그리스도인들을 자신들의 회당 안으로 데리고 왔을 당시, 그곳에 마치 심각한 물리적인 충돌이 있었던 것처럼 이 두 그룹 모두 축출을 당한다. 나는 이 사건을 그리스도인들과 유대인들 사이에 적대감을 증가시키는 계기가 됨으로써 복음서를 재편집하고 자료를 포함하게 되는 한 단계적인 사건으로 보려 한다. 예수님 자신도 이제는 사마리아인 신분처럼 불리한 대접을 받고 있다(8:48). 유대주의와 기독교 사이의 벌어진 관계의 결렬은 상호 간의 비난 맞대기로 발전하고 있다. "사람들이 너희를 출교할 뿐 아니라 때가 이르면 무릇 너희를 죽이는 자가 생각하기를 이것이 하나님을 섬기는 일이라 하리라."(16:2) 그 당시 로마 제국 내에서는 유대주의를 용납하고 있었다. 그리스도인들 역시 유대인 신분인 이상 로마 당국은 그리스도인들을 상대로 그리 문제 삼을 일이 아니었다. 그럼에도, 그리스도를 따르는 자들은 다른 유대인들처럼 로마 정부 아래 들어가 그 곁에 달라붙어 이방 관습을 따라 사는 그들과 똑같은 유대인 취급을 더는 받고 싶어 하지 않았다. 밖에서부터 시작된 이 모든 적대감은 안으로 난공불락의 요새를 쌓게 하는 원인이 되었다. 이 유대계 그리스도인들은 더는 세상에 속하지 아니하였기 때문에 세상이 그들을 미워한다고 생각했다(15:18). "그들이 나를 박해하였기에," 예수님은 말씀하셨다, "그들이 너희도 박해할 것이다."(15:20) 요한은 말한다. "담대하라. 내가 세상을 이기었노라."(14:30; 16:33)

9 · 11 테러 이후, 미국과 영국, 유럽 전역으로 불확실함, 불안전, 두려움이 현실안주 문화 속으로 침투하였다. 이라크 침공 이후 세상은 더더욱 위험한 장소가 되어 가고 있다. 계시록에서 배양된 종말론적 상상들은 우리가 거주하는 공동체와 나라들 그리고 심지어 교회 안까지 요새를 추구하는 사고방식을 더욱 부채질한다. 민들레처럼 확산하는 테러 공포의 씨앗이 전 서구에 흩어진 상황이다. 사담 후세인 같은 인식 가능한 괴물급 위험인물들은 이제 수천 명이 넘는다. 언제 터질지 모르는 테러 공포는 유령처럼 출몰하여 서구 국가들을 위협한다. 빛과 어둠의 이원론, 이 세상의 왕자와 아웃사이더들에게 표출되는 적대감은 요한복음에서도 발견되는데, 이 세상 '당대의 축'이기도 하다. 심지어 계시록에서는 오늘날 국가들의 교묘한 책략과 현대 전쟁의 장치에 들어맞는 무시무시한 공포들이 묘사되어 있다. 파멸과 고

립, 피투성이의 육체가 이 시대 우리의 존재를 얼룩지게 한다.

하나님의 눈물

트레버 데니스(Trevor Dennis)는 그의 책 「하나님을 상상하다」(Im-agining God)에서, 노아 방주의 짐승들에 관해 아주 아름다운 이야기를 들려준다.[62] 그들은 깊은 물 가운데로 항해하기 전, 방주 난간에 의지한 채 줄서 있다. 짐승들은 움직이지도 않을 뿐더러 어떤 말도 하지 않는다. 이 엄청난 모험이 시작되던 당시의 짐승들은 온갖 장난을 치며 뛰어놀았다. 하지만 여행에 앞서 흥분이 고조되던 그때, 짐승들은 오랫동안 서로 가슴에 품고 왔던 원한이나 적대감 등을 까맣게 잊어버리고 말았다. 태고의 물이 땅을 삼키는 모습을 보자 그들 앞에 큰 낙심이 홍수처럼 다가왔다. 캥거루는 점프하는 것을 멈추었고, 나이팅게일은 노래를 멈추었으며, 돌고래는 드러누운 채 흘러도 흘러도 쉬지 않는 물에 마냥 떠내려가고 있었다. 홍수에 쓸려가는 세상을 본 노아나 다른 사람들 모두 자책감을 가누지 못한 채 그들 스스로 방주 선실 깊숙이 갇혔다. 어느 날 아침 영양(羚羊) 한 마리가 쉼 없이 퍼부어 대는 빗줄기를 뚫어지게 바라보더니 소리쳤다. "우리는 하나님의 눈물바다 위에 표류하고 있다!"

나의 책 「머나먼 나라로」에서 나는 대홍수 참사 이후 하나님이 노아에게 무지개 계약을 보여 주신 바를 묵상한다.[63] 고대 신화 이야기들은 이러한 원시적 사건을 재검증하려 한다. 고고학자들은 이러한 사건을 두고 증거 사냥에 나서기도 하고 텔레비전 프로그램에서 이러한

62) Trevor Dennis, Imagining God, London: SPCK, 2001, 11~14쪽을 보라.
63) Stuckey, Into the Far Country, 44~47쪽을 보라.

이론들을 제시하기도 한다. 그 진상이 어떠하든지 간에 이 이야기는 그동안 우리가 알지 못하던 사실을 깨닫도록 드러낸다. 하나님은 스스로 당대 인간의 타락과 폭력 등을 목격하시자 당신의 인내의 한계를 드러내시듯 홍수의 재앙을 풀어 놓으신다. 오로지 노아와 그의 식구들 그리고 물 위에 떠다니며 여행 중인 동물원만 보존하신다. 이 사건으로 하나님은 당신의 성급한 행동이 안타깝다며 후회를 하시는 듯 하지만 결국 사랑이 승리한다. "다시는 이런 일을 내지 않겠다."며 약속하신다. 이 엄청난 고대의 사건을 통해 세상이 당한 고통과 하나님의 책임은 두고두고 지울 수 없는 사건으로, 하나님 가슴에 새겨져 있다.

여기에서 전하는 성경의 메시지는 이렇다. 하나님이 인간의 고통과 문제투성이 상황 속으로 들어오신다. 그리고 난폭하고 폭행이 난무하는 우리의 실존 가운데 거하시는 하나님의 열정을 묘사한다. 바로 이 하나님은 무너진 교회와 파괴된 인간성 속으로 스스로 들어오신다. 그리고 인간의 고통과 기쁨을 수용하실 수 있는 '살아 계신 하나님'이시다. 그리스 철학자들이 상상하여 묘사한, 도덕관념이 없는 추상적인 창작의 신이 결코 아니시다. '말씀'(logos, 로고스) 그 자체가 피가 흐르는 육체에 재현(복제화)된 이상, 고통과 눈물을 수용할 수 있는 육체적 존재요, 태초부터 하나님의 가슴 속에 간직되었던 바로 그 존재이시다. 그분은 영원한 기쁨으로 실제 '우리에게' 존재하시지만, 그분은 또한 '우리와 함께' 존재하시며, 특별히 공동체의 축에서부터 가장자리로 밀려난 주변인들과 사회적으로 압박받는 피해자들과도 함께 존재하신다. 그분 안에서 상처와 소망은 모든 구원이 이루어지기 위해 합쳐진다. 구약성경에 드러나는 하나님의 연민은 신약성경 속 하나님의 고난을 위한 예상이다. 깁슨이 영화에서 너무나도 생생하게 예수님의 고난을 묘사한 바처럼, 하나님 역시 찢어지고 피나는 당신

아들의 모습 앞에서 우신다. 피 흘리는 세상을 향한 하나님의 눈물은 오염된 지구 위로 떨어지고 있다.

제프리 스튜더트 케네디(Geoffrey Studdert Kennedy)는 제1차 세계대전 당시 종군 신부였다. 그는 '우드바인 윌리'(Woodbine Willie)로 더 잘 알려진 사람이다. 당시 전쟁 중 플란더스(Flanders)[64]의 질퍽한 진흙투성이 참호 속에 몸을 파묻고 있는 군인들에게 담배를 건네 준 이로 잘 알려져 있기 때문이다. 그는 거친 운으로 내가 말하고자 하는 것을 썼다.

만일 하나님께서 눈물을 흘리신다면 어떠할까,

만일 하나님께서 여전히 슬퍼하고 계신다면 어떠할까,

지난 숱한 그 세월 동안.

만일 의미하는 바가 진정 그러하다면 어떠할까,

단지 E가 한 번 죽었다는 것뿐만 아니라,

단지 E가 한 번 이 땅에 왔다는 것뿐만 아니라,

울면서 십자가에 못 박혀 죽었다지 않는가.

단지 E가 모든 이를 위해 한 번 고난 겪었다는 것뿐만 아니라,

우리를 죄에서 구원하기 위해,

그런 다음 높은 보좌 위로 올라가

천국이 시작되기까지 기다려야 한다는 것,

만일 E가 무언가 보여 주기 위해 이 땅에 왔다면,

E가 고통으로 걸어 간 그 길 따라,

영원한 치욕으로 맹렬하게 타는 불꽃

---

[64] 벨기에와 네덜란드 남부, 프랑스 북부에 걸친 나라. 2차 대전 중 엄청난 피를 흘린 곳으로 잘 알려져 있다. 훗날 이곳에 전사한 군인들의 피를 상기시키듯 붉은색의 양귀비가 바다를 이루어 피자, 유럽 사람들은 전쟁기념일에 붉은 양귀비를 가슴에 달며 추모하고, 전쟁 용사들을 위한 기금을 모은다.(역자 주)

제
7
장

157

하나님의 가슴을 태우는 그 불꽃 아닌가?

오, 하나님 만일, 오 진정 그러하시다면,

왜 나를 축복하시는지 알 수 없나이다.

가시 면류관 쓰신 당신의 머리 나 느끼나이다.

언제나 창에 찔리신 당신의 손 나 느끼나이다.65)

예수님의 눈물

"예수께서 우셨다."(11:35) 마가가 그의 복음서에서 난기류에 휩싸인 분노의 감정과 연민 그리고 테러의 공포 등을 경험하시는 예수님의 모습을 묘사하고 있는 동안, 예수님이 우신 경우는 단 두 번이다. 누가는 예루살렘 도성을 향해 다가오는 파멸을 미리 바라보며 우시는 예수님의 모습을 묘사하고 있다(눅 19:41). 주님은 당신의 백성을 가슴에 안고자 간절히 바라시지만, 그들은 주께로 다가오지 않는다(마 23:37). 또한 예수께서는 나사로의 무덤 앞에서 우신다. 이 눈물은 연민인가? 예수님의 눈물은 그들을 향한 사무치는 사랑인가? 이것은 말도 안 되는 일이다. 예수께서 좀 더 일찍 그곳에 도착하셨더라면 그 이야기는 너무나 달라졌을 것이다. 마르다의 똑 소리 나는 심한 질책 역시 그런 비극적 상황에서 피할 수도 있었을 터이다. 그렇다면 그분은 당신의 책임이라며 스스로 회한의 눈물을 흘리셨단 말인가? 분명히 예수님은 마음속으로 매우 힘들어하신다. 이 상황에서 그리스어로 표현된 언어들이 심각한 마음의 동요를 보여 주고 있다. 사랑하는 자들에게 죽음의 그림자가 드리우는 것을 바라보는 슬픔, 고조되는 폭

65) G. A. Studdert Kennedy, *The Unutterable Beauty*, London: Hodder and Stoughton, 1957, 132쪽을 보라.

력이 그분과 그분의 제자들을 구렁텅이로 처넣을 것처럼 다가오는 현실에 대한 두려움, 유대인들의 불신 등으로 부인할 수 없는 노여움이 교차한다.

그리고 여기에는 근본적으로 신속한 조치가 필요한 질문들이 있다. 왜 예수님은 나사로를 죽도록 허락하셨나? 요한의 대답은 분명하다. 예수님 스스로 영광을 받으실 것이기 때문이다. "영광을 받으신다."는 말은 죽음과 부활을 동시에 간직한 저자의 언어다. 다른 식으로 표현하자면, 바로 그 말은 세월이 제아무리 흘러도 변치 않는 하나님의 마음에 아로새겨진 '십자가형'(Timeless crucifixion)을 계시하는 언어다. 실제로 나사로의 소생은 예수님이 당신의 목숨을 바치는 값을 지급하게 된다(11:45~50). 나사로를 소생시킨 사건 탓으로 대제사장들과 바리새인들이 공회를 소집하여 구체적으로 예수님을 죽일 계획을 세운다. 여기서 궁금한 점은, 이 상황을 벗어나기 위해 예전에 유대인들과의 대립에서 마치 탁월한 탈출 곡예사 후디니(Houdini)의 행동처럼 사용하셨던 그러한 묘책을 다시 개시하지 않으신다는 것이다.

이 상황 속에서 만나는 예수님의 처신은 예전과는 전혀 다르다. 우리는 이 시점에서 예수님의 다른 모습을 본다. 마치 이제는 당신의 죽음을 지불해야 할 그때가 왔다는 분명한 결의를 엿볼 수 있다. 이쯤에서, 예수님이 맞이해야 할 그 죽음은 더는 잠을 자지 않는다. 이와는 반대로, 한편으로는 태초부터 준비해 온 육체적 공허를 향한 소름 끼치는 여정이 시작된다. 다른 한편, 부활을 통해 한계를 넘는 소생의 여정이 시작된다. 죽음에서 다시 살아나신 그리스도께서는, 구속에 얽매이지 아니하는 자유를 향해 상자 밖으로 나와 수의를 뒤로 두고 가실 것이다. 하나님께서 눈물을 흘리시기에 예수님도 우신다. 십자가는 골고다 언덕에 세워지기 아주아주 오래 전부터 이미 하나님의 가슴 속에 존재하였다.

우리에게 아름다운 기억을 떠올리게 하는 조지 매더슨(George Matheson, 1842~1906)의 찬송 시가 있다. "오 나를 떠나지 못하게 하는 사랑이여."(O love that wilt not let me go)66) 이 찬송 시를 쓴 그는 영국 성공회 목사로, 한때 실명 때문에 죽음의 벼랑 끝에 선 좌절의 순간을 경험한다. 하지만 그가 경험한 외로움과 고난은 오히려 그의 믿음과 내면의 눈을 열게 했을 뿐 아니라 그리스도의 고난과 십자가의 희생을 깨닫는 기회가 된다. 결국, 십자가의 능력에 도달하는 묵상을 체험한다. 비록 눈은 멀었지만, 우주 간에 생기를 주는 가장 중요한 원칙이요, 세상의 기초에서 죽임을 당하신 그리스도를 만나게 된다. 주님이 흘리신 물과 피를 묵상하던 중 인류 생태계의 삶이 거기서 시작된다는 것을 깨닫는다. 씨는 꽃으로 승화하고 어둠은 빛으로 바뀐다. 폭풍우 중에서 먹구름과 바람, 폭풍과 무지개는 은혜의 영광을 보여 준다. 희생과 눈물에 의해 빚어지는 하나의 '상승'(Fall upwards) 기운으로 세상의 생태학적 메카니즘 작용을 가능케 하는 진화의 과정이 있다. 애절한 토마스 하디(Thomas Hardy)의 메시지와는 달리, 매더슨은 소망으로 가득 스며들게 하는 우주를 믿었다. 모든 인류는 자기희생과 자기애로부터 마침내 벗어나게 될 것이다.

고통과 탄원

요한복음의 이전에는 소위 예수님의 대제사장적인 기도에 대한 언급이 없다. 예수님과 유대인 사이에 주고받는 날카로운 언쟁이 심화하는 가운데, 우리는 아버지와 아들 사이에 더욱 더 친밀한 대화를 감

---

66) 영국 감리교 찬송가(Hymns & Psalms), No.685, London: Methodist Publishing House, 1983을 보라.

지하게 된다. 마지막으로 예수님은 공개적으로 백성을 생각하며 울면서 기도하신다(11:42). 고별 말씀 가운데서 이 내면의 대화는 그 영광스러운 절정에 도달한다. 여기에서 예수님은 우리에게 중보기도에 대한 강력한 혜택을 주신다.

> 너희가 내 이름으로 무엇을 구하든지 내가 행하리니 이는 아버지로 하여금 아들로 말미암아 영광을 받으시게 하려 함이라(14:13)

> 너희가 내 안에 거하고 내 말이 너희 안에 거하면 무엇이든지 원하는 대로 구하라 그리하면 이루리라(15:7)

> 그 날에 너희가 내 이름으로 구할 것이요 내가 너희를 위하여 아버지께 구하겠다 하는 말이 아니니 이는 너희가 나를 사랑하고 또 내가 하나님께로부터 온 줄 믿었으므로 아버지께서 친히 너희를 사랑하심이라(16:26, 27)

'내 이름으로'라고 하시는 바로 이 구절이 이 청원의 핵심이다. 이 말씀은 무슨 뜻인가? 그것은 단순히 결과를 보장할 수 있는 청원에 효과적으로 붙여진 일종의 추신(Post-script)으로 보아야 하는가? 여기서 우리는 처음으로 모세에게 공개한 바 있는 하나님의 그 신성한 이름, "바로 나니라."(I AM)[67]를 생각해 볼 수 있다. 하나님의 특성과 성품, 하나님의 존재하심 그 자체를 표현하기 위해 예수께서 하나님의 이름을 동시에 사용하시었다. 이름 속에 그 사람이 있다. 예수님의 이름으로 중보기도를 드린다는 것은, 예수께서 아버지 하나님과 밀접한 관계를 맺고 계시다는 말씀이요, 우리 역시 예수님과 똑같이 그러한 관

---

67) 출애굽기 3장 14절, "나는 스스로 있는 자이니라"와 함께 생각할 수 있다. (역자 주)

계를 유지한다는 바로 그 의미이다. 또한 그분이 당하신 똑같은 그 고통의 자리에 우리가 서 있다는 뜻이기도 하다. 그러므로 효과적인 기원은 예수님과 깊은 친밀감을 가질 때 가능한 일이요, 동시에 예수께서 눈여겨보시는 소외된 피해자들과 연대감을 가지는 데서부터 흘러나온다. '대제사장적 기도'로 잘 알려진 17장 기도 중에서 예수님은 자신과 아버지의 관계를 설명하는 말로 '안다'(Know)를 반복적으로 사용하신다. 구약성경에서는 이 단어가 종종 성관계를 묘사할 때 사용된다. 요한에게 '안다'는 말은, 아버지와 아들의 관계에서 성령과 의지, 정신과 존재의 상호의존과 교류를 묘사하고자 할 때 사용된다. 우리가 '그분의 이름으로' 기도할 때 우리는 더는 관찰자가 아니다. 하나님의 뜻에 따라 우리의 마음과 의지가 다시 확정된 후 삼위일체 하나님의 고통과 목적에 아주 친밀하게 이끌림을 받은 동반자가 된다는 의미이다. 기도란 예수께서 하신 일, 혹은 하실 일을 우리가 한다는 뜻이다. 청원은 순종으로 정화된다.

그들 역시 박해를 받을 것이라고
그의 제자들에게 그렇게 말씀하심으로써,
그들이 어떻게 부름을 받아
주님처럼 될 것인지 예수님은 계시하신다.
그들 역시도 하나님의 사역을 감당할 것이라고,
단지 능력 있는 말씀과 지혜를 통해서 뿐만 아니라
그들의 연약함과 실수를 통해서도,
심지어 죽음을 통해서도 그 사역을 감당해 낼 것이다.
예수께서 생명을 주신 것처럼
그들 역시 생명을 주게 될 것이다.
그들은 단지 다른 이들이 식별할 수 있는

눈에 띄는 방법으로 세상을 정복할 뿐만 아니라,

그들의 하찮음과 가난을 통해서도 가능할 것이다. …

그리하여 예수님과 진리, 그리고 정의를 위해

또한 목숨까지 내놓겠다며 부름을 받은 그들 모두,

그분처럼 될 것이다.

그들 역시 예수님의 그 시간에 살게 될 것이다.

그들이 흘린 피가 십자가에서 흘리신 예수님의 피와 하나가 될 것이다.

그들의 피는 우리 가슴의 메마른 대지를 적시어

새로운 생명을 낳게 할 것이다.[68]

젊은 여성 교인들은 주차 공간을 위해 기도를 하면 하나님께서는 항상 들어주신다는 자신의 경험을 이야기한다. 그런데 그분은 우리가 성숙한 동반자로 성장하여 의존적인 유아적 습관을 뒤로하기를 원하신다. 하나님께서는 우리가 하나님께 올리는 우리의 간구가 더욱 크고 깊은 수준으로 발전되기를 원하신다. 이러한 청원들을 이루기 위해서는 그분이 우리에게 값비싼 순종을 요구하신다는 것을 생각해 보아야 한다. 성령께서 우리가 진리 안에 인도받기를 간절히 원하실 때, 우리의 기도는 더욱 힘들어질 수도 있다. 예수님의 대제사장적 청원을 보면 주님은 우리가 '진리로 성화되기를' 기도하신다(17:17). "진리가 무엇인가?" 빌라도가 묻는다. 해답은 바로 그의 눈앞에 있었다. 왜냐하면 진리와 죽음은 서로 밀접한 관련이 있기 때문이다. 예수님의 진리는 그의 종들이 싸워야 할 세상이 아니라, 울어야 할 세상에 속한다(18:36). 그분의 사명은 세상이 어렵다 하여 기본적인 가치관을 축소하거나 폭력적 수단으로 달성하는 그러한 왕국을 건설하는 것이

68) Jean Vanier, *Drawn into the Mystery of Jesus Through the Gospel of John*, 280~28쪽을 보라.

아니다.

'그분의 이름으로' 기도하는 것은, 곧 세상의 고통에 참여하는 것이다. 물론 주차 공간이나 애완동물 토끼의 건강을 위해 기도할 수도 있다. 하지만 우리에게 더욱 간절한 청원은, 가능하다면 크나큰 충격으로 고통당하는 이들과 전쟁 피해자들, 삶과 죽음이 오가는 경계선에서 일하는 사람들과 공감대를 나눌 수 있는 길을 간절히 구하며 '그분의 이름으로' 올리는 기도일 수 있다. 빌라도처럼 소외된 자들을 피해자로 만드는 힘 있는 자들과 그들의 손에 잡힌 악의 권력을 무너뜨리기 위해 기도해야 할 것이다. 서구 기독교는 죄로부터 고통을 당하는 것보다 오히려 하찮은 것들로부터 더 많은 고통을 당한다. '그분의 이름으로' 기도하는 선교사의 청원은, 하찮은 것을 심오한 것으로, 안일주의를 좌절로, 안주함을 죽을 운명으로, 쉬운 답변을 신비로, 안전을 죽음으로 대체시키며 재조명한다. 이러한 선교적 청원은 세상의 공허에 초점을 맞춘 기도로서, 동시에 우리를 삼위일체의 심장부로 이끌고 간다. 선교에 부름을 받아 일하는 이들을 위한 두 가지 간단한 지침은 바로 '기도'와 '순종'이다. 이는 모든 의무 중에서 가장 간단한 일이요, 동시에 가장 어려운 일이다.

신학 이야기

하워드(Howard)는 다시 병원에 입원했다. 지난 6개월 동안 그는 병원 약속 때문에 전 생애가 매달린 듯 했다. '내일 수술은 성공적일까?' 그는 병동에서 다른 이들의 상황을 살펴보며 자신의 침대 옆에 앉았다. 그가 다른 환자들로부터 간간이 엿들은 대화 중에는 나름대로 조금씩 자신이 알고 있는 이야기들이 있었다. 우리가 병원에 갈 때마다 종종 그런 경험을 하듯, 그 역시 다른 사람들의 증상이 자신보다 더 심각하다고 느꼈다. 병원침대 생활은 자신의 경험 정도를 점검하는 기회다. 정상상태에 문제가 생기고, 피할 수 없는 죽음의 운명으로 얼룩진, 그러한 공통적인 경험에 내몰린, 서로 다른 배경을 가진 사람들이 그들 자신들에 관한 진실을 기다리고 소망하며 배우고자 여기에 함께 모였다.

바로 여기에 '대안 교회'(Alternative church)가 있다. 아마 그가 주일마다 다녔던 '일반 교회'(Normal church)보다 더 교회다운 곳일 것이다. 그가 쉽게 그의 성도들과 대화를 나눌 수 있는 것은 자신이 목사라는 사실 때문만은 아니었다. 그는 자신에게 호의적이고 자신감 있는 간호사를 바라고 있었다. 그를 돌볼 간호사가 그가 염려하고 있는 두려움과 의심, 자신의 연약함을 건드리지 않을 거라 기대했다. 솔직히 말하자면, 그는 두려웠다. 의도적으로 자신을 명랑한 모습으로 위장했다. 얼마나 더 오래 살아야 된다고 생각했는가? 그의 자녀들인 데릭(Derek)과 진(Jean)이 너무나 생각났다. 그들에게 더 많은 시간을 할애해야 했는데 그러지 못한 게 후회스러웠다. 그가 목회에서 손을 놓는다 하더라도 목회는 그런대로 제대로 돌아갈 것 같았다. 이제 자녀들과 나눌 시간이 얼마나 남았을까? 무엇보다 그가 정말 사랑한 실비아(Sylvia)가 무척이나 보고 싶었다.

하루는 병동으로 그 지방 감리사가 마치 부대원들을 감독하는 장군의 위용으로 성큼성큼 그에게 다가왔다. 그는 하워드 앞에서 불안과 불길한 징조들을 떨쳐 버리며 선한 의지와 자신감을 방출해 내는 듯했다. 함께 있는 동안 하워드는 그와 잘 지냈으며 그를 존경했다. 그런데 감리사가 병동을 찾아와 심방하는 모습을 바라보면서, 게다가 하워드 자신이 지금까지 자주 해 왔던 목회 심방과 형식이 너무나 같다는 생각에 무언가 좀 이상했다. 이 감리사의 친절한 태도는 온 병동 안에 온기를 더했다. 그는 하워드뿐 아니라 다른 환자들에게도 관심을 돌렸다. 감리사가 떠난 후 그는 환우들과 담소를 나누었다. 심지어 요란한 그의 공적 기도가 병동 내 다른 환자들에게 이질감이나 당혹감을 줄 수도 있다는 생각이 들었지만, 하워드는 그의 심방에 감사했다. 하지만 그가 떠난 후, 무어라고 꼬집어 말할 수 없는 일종의 얼얼한 분노가 그 속에서 일고 있었다. 무엇이 그의 안에 이러한 감정을 자극한 것인가? 감리사가 한 말이 다시 생각났다. 수술에 들어가기 전 그를 위해 밤샘기도로 모이는 그룹이 있을 테니, 수술이 끝난 다음 날 기도로 둘러싸인 느낌을 받을 것이라고 말했다. 감리사의 이 말이 그에게 거슬렸단 말인가? 내가 기도의 중심에 있다는 것은 좋은 느낌이다. 은혜를 주는 사람이 된다는 것보다 은혜를 받는 자가 된다는 것은 복된 일이다. 기도는 변화를 부른다. 하워드는 이미 과거 경험을 통해 이를 깨달았다. 하지만 왜 그는 그때 불안하고 화가 나는 감정을 경험했을까?

그러던 순간, 섬광처럼 스쳐 지나는 한 장면을 붙잡았다. '그 자신이 누군가?'를 묻는 그 질문 끝에, 마치 스프링처럼 튀어 오르며 회상케 하는 지난날 불편했던 한 사건을 기억하게 되었다. 그것은 중보기도에 관한 이야기였다. 감리사와 그의 성도들 역시 중보기도를 믿었다. 그런데 감리사는 중보기도에 강한 힘이 있다는 데에는 의심치 않으면서도 그의 태도를 보면 그러한 힘이 마치 자신에게만 있다는 식으로 비쳐졌다. 그동안 그는 다른 사람에겐 그런 힘이 없다는 그런 태도를 보였다. 기도의 능력에 대한 공정하지 못한 생각이 그 속에 자리하고 있었던 셈이다. 중보기도는 모든 성도들에 의해 보편적으로 실습되어야 한다. 그런데도 그는 중보기도를 편협하게 이해하고 있었다. 국지적인 특정 종교의 관료적 틀에 가두어 놓았다.

선교 현장에서 우리는 모든 인류에게 인간의 온전성(Wholeness)을 제공하시는 하나님과 함께 일하도록 부름을 받았다. 우리는 아버지와 아들의 관계 속에서 보편적인 '인식'(Knowing)과 '사랑'(Loving)이 자리한 요한복음 17장의 대제사장적 기도자로 살도록 부름을 받았다. 모든 기도는 제한적이거나 특정적인 기도가 되기 이전에 포괄적이며 보편적이어야 한다. 그것은 '주님의 기도'가 '우리 아버지'로 시작되는 분명한 이유이며, 왜 모든 간절한 기도 속에 '우리와 우리의'라는 말이 연거푸 언급되는지, 바로 그 이유 때문이다. 하워드는 이것을 보았다.

하지만 풀기 어려운 곤혹스러움이 꼬리를 물고 뒤따랐다. 왜 어떤 사람들에게는 그들이 기도의 초점이 아니라는 이유로 그들의 청원이 하나님께로부터 거절당하는가? 반대로, 다른 이들의 기도는 초점이 맞다는 이유로 하나님께서 그들의 기도를 응답해 주시는가? 이러한 하나님을 과연 공정한 분이라고 말할 수 있는가? 왜 하나님은 기도하는 어떤 소수의 사람들을 치료해 주시지만, 아직도 고통과 기아와 영양 부족으로 매일 죽어 나가는 대다수 인류를 위해서는 아무런 손을 쓰지 않으시는 것처럼 보이는가? 그 한 예로, 나사로의 사건을 생각해 보자. 예수께서 다른 어떤 부류의 많은 사람이 고통당하고 죽는 것을 마치 그냥 버려두기라도 하시는 듯 그 지역의 많은 사람을 뒤로 한 채, 그들 때문에 한동안 지체되기도 했지만, 왜 한 사람 나사로를 찾아 먼 길을 나서신 것인가? 왜 하나님은 다른 곳에서 다른 이들을 위해 그렇게 바쁘신가? 능력이 없으셔서? 혹은 원치 않으셔서? 왜 어떤 이들을 위해서는 손을 쓰시고, 다른 어떤 이들을 위해서는 손을 쓰지 않으시는가?

다음 날 아침, 하워드는 침대에 실려 수술실로 들어갔다. 수술자 명단 중 세 번째였다. 기다리는 동안 다른 수술 대기자들의 불안을 누그러뜨리려고 함께 담소를 나누었다. 환자들은 그들과 함께해 주는 그의 진지한 모습을 진심으로 고맙게 받아들였다. 그가 마지막으로 병동을 떠나면서 다시 한 번 수술 대기자들에게 유쾌한 파장을 불러일으켰다. 나는 슬프게도 하워드가 돌아올 수 없었던 마지막 시간을 말하고 있다. 그날 하워드는 수술대 위에서 그의 마지막 생애를 보냈다.

예수께서 우셨다.

질문

1. 사랑하는 사람들이 심각한 질병을 앓을 때 대부분 사람들은 이렇게 반응한다. "정신을 놓지 마라. 그러면 이겨 낼 수 있다.""의사들이 당신을 위해 온갖 노력을 하고 있다네.""나는 이 사실을 받아들일 수 없어. 내 인생 송두리째 누더기 옷처럼 해어졌지 않은가.""내가 처한 이 삶, 왜 이렇게 엉망진창이 되었는지 난 알고 있어." 그리스도인들은 이러한 상황에 부닥쳤을 때 어디에 기도의 초점을 맞추려 하는가?

2. 슬픔과 고통의 상황 속에서, 하나님께서 우리에게 원하시는 바가 무엇인지 어떻게 분별하는가?

3. 우리가 기도할 때 실제로 무슨 일이 일어나고 있다고 생각하는가?

기도

숨지도 마옵시며
나를 두고 달려가지도 마옵소서.
산산이 부서진 내 모습 앞에서
앞으로 헤쳐 나갈 새 길 열어 보이소서.

전혀 다른 여행길
온갖 허무감으로
불확실성으로 둘러싸인 길
굳이 무어라 단정 내릴 수도 없는 길.

하여 그 오솔길에서
이 손 좀 잡아 주시지요.
비록 망가져 흉한 모습이긴 하나
새로운 내일 창조해 주실 순 없는지요. 69)

주 하나님,
지진이 일어나 대양을 뒤흔들고
넘어지는 고층 빌딩처럼 달려드는 파도
수천수만의 가정들을 파괴하더이다.
해안가 그 시신들로 가득하더이다.
이런 일들 지켜보며 나는 참으로 믿기 어렵나이다.

고삐 풀린 자연의 난폭함이 화산으로 솟구쳐 오르며
보시기에 그렇게 좋다하시던 당신의 그 찬사를 부정하며
이 땅을 황폐시킬 때
"아버지의 뜻을 이루소서." 그 기도
나는 이제 드릴 수 없나이다.

당신께서 진정 이 난장판 속에도 계신다면
이 땅 백성의 충격 함께 나누고 계신다면

---

69) 아이오나 공동체(Iona Community)의 '아이오나 기도문' 중 피터 밀라(Peter Millar)의 마감 기도. (*An Iona Prayer Book*, Canterbury Press)

나는 오로지 믿을 수 있나이다.

당신께서 비난을 받아야 하고
당신의 문제투성이 세상 그 고통
함께 나누고 계신다고 한다면
나는 오로지 믿음을 가지겠나이다.

하지만 이 모두 당신께서 하신 일!

갈보리 언덕
그 위에 우뚝 서기 전 태초부터
하나님의 마음 한가운데 자리해 온 십자가
그리하여 나는 아옵나이다.

회개로 얼룩진 상처들
영원한 사랑에 묻은 슬픔으로
거룩한 언덕을 치료하심을 바라보오니
그리하여 나는 깨닫나이다.

수천 명의 눈물로 뒤범벅된 우리의 슬픔
인류를 향한 소망 포기치 않으시는 한
인류의 상처 치유 끝내 보기 원하시는 한
눈물 지우며 울고 계시는 당신을 바라보는 한
나 당신께 경배 드리나이다.
아멘.

8장

손짓하는 침묵

The
beckoning
silence

안락한 자리에서 나가라. 우리와 우리 교회는 심각한 문제를 해결하기 위해 힘써야 하고, 아웃사이더들과 하나님에 대해 대화를 시작해야 한다. 그럴 때 그들도 그리스도의 제자가 될 수 있다.

이른 새벽 두 시. 나는 런던대학의 한 학생 기숙사에서 아들과 함께 머물고 있다. 몇몇 학생들이 복도에서 파티를 열고 있다. 소음 수준은 나의 짜증 수위를 높이고 있다. 어제는 참으로 좋지 않은 날이었다. 이후로 몇 달 동안은 서로 볼 수 없다는 사실을 알면서 아내 크리스틴에게 작별 인사를 하기란 그리 쉽지 않았다. 런던서 맨체스터까지 고속버스로 이동한 후 비행기로 인도를 거쳐 스리랑카로 가는 여행을 계획하고 있다. 이번에 계획한 나의 여행길은 결코 그리 만만하지 않다. 여행 중 예기치 못한 일들이 얼마든지 발생할 수 있는 여정이다. 여행 도중 발생하는 일들을 긍정적으로 대처할 수 있을 것이라는 나의 믿음이 혹독한 악몽이 아니기를 바랄 뿐이다.

나는 일련의 겁나게 하는 이야기들로 부담을 느꼈다. 인도를 다녀온 사람들은 이러한 이야기들을 마치 풍미 있는 양념으로 생각하는 듯 내 앞에서 늘어놓았다. 도난당한 수하물 이야기, 가고 싶지도 않은 곳을 끌고 가기도 하는 암표상들과 강도의 위험, 게다가 병이 나거나 열병에 걸릴 가능성 등 그 목록은 끝이 없는 듯했다.

인도에 도착한 후 나는 거듭해서 묻고 또 물어야 했다. "내가 마시는 이 물, 틀림없이 끓인 물 맞지요?" 옷과 의약품, 그 외 모든 비상사태에 대비한 물품으로 가득한 내 가방은 정말 납덩이처럼 무거웠다. 주변을 서성거리는 도둑들에게 경고라도 하듯 대형 쇠사슬과 자물쇠로 가방들을 꽁꽁 묶었다. 한편 내 재산을 보호한다면서 여기저기 단단히 걸어 잠가놓은 그 모습을 보고 있자니, 내가 나를 가두어 놓았다는 것을 깨달았다. 가이드도 없이 혼자 달랑 이렇게 여행을 떠난다는 게 솔직히 두렵다. 생각해 보면, 그렇다고 현지어를 아는 것도 아닌 이 불확실한 여행 일정에 모험을 건 나의 어리석음을 꾸짖으며 후회하고 있다. 나는 분명히 안전한 패키지여행을 결정했어야 했다. 엎친 데 덮친 격으로, 내가 처음 투숙하기로 마음먹었던 곳인 콜롬보에서 발생한 최근의 폭탄 폭발 사건…. 하필 크리스틴과 거기서 만나기로 한 것은 정말이지 전혀 바람직한 약속이 아니었다. 하여 지금 나의 스트레스 수치는 극도로 높은 수준이다.

마틴(Martin)이 내 가방을 들어 올리더니 웃었다. "1톤은 족히 나갈 것 같은데요. 아빠, 설마 이것들을 아시아 전역으로 끌고 다닐 생각은 아니지요?" 나는 세 번이나 가방을 열어 본 다음, 몇 가지 물품들을 처분하기로 마음먹었다. 결국 꽁꽁 묶은 쇠사슬 역시 제거하기로 했다. 어쨌든 한번 홀가분하게 여행을 시작해 보기로 한 것이다. 이는 분명 위험이 따르는 일이었다. 하지만 나 자신과 여행을 한번 믿어 보기로 했다. 어차피 여행이란 것이 바로 이런 것 아닌가.

상자 너머로의 여행

시몬 베드로가 이르되 주여 어디로 가시나이까 예수께서 대답하시되 내가 가는 곳에 네가 지금은 따라올 수 없으나 후에는 따라오리라 베드로가 이르되 주여 내가 지금은 어찌하여 따라갈 수 없나이까 주를 위하여 내 목숨을 버리겠나이다 예수께서 대답하시되 네가 나를 위하여 네 목숨을 버리겠느냐 내가 진실로 진실로 네게 이르노니 닭 울기 전에 네가 세

번 나를 부인하리라(13:36~38)

영적인 신학 여정을 처음으로 나선다면, 당신은 어떻게 가방을 꾸리겠는가? 여행 종류에 따라 다를 수 있다고 볼 수 있는데, 아마 두 가지 옵션이 가능할 것이다. 첫 번째는, 계획대로 짜인 상자 속에서 벗어나 여행하는 것을 선택하는 경우이다. 상자 너머 여행을 하고자 한다면, 이는 분명히 위험과 불확실성으로 가득한 순례여행이라고 말할 수 있다. 둘째는, 패키지 투어로, 정해지고 짜인 상자 내에서 여행하는 경우이다. 최대한의 안전과 더불어 새로운 경험을 보장받을 수 있다. 이 선택은 분명 처음부터 교통도 제대로 준비되고, 깨끗한 숙박시설 역시 보장받은 상태에서 출발하는 여행이다. 만일 그래도 문제가 발생한다면, 여러분의 세심한 가이드가 이 모든 문제를 해결해 줄 것이다. 요한복음의 여행으로 다시 돌아가 말하자면, 요한복음 역시 이 여행 가운데서 영적 패키지 약속들을 통해 우리를 안심시키고 있다.

너희는 마음에 근심하지 말라 하나님을 믿으니 또 나를 믿으라 내 아버지 집에 거할 곳이 많도다 그렇지 않으면 너희에게 일렀으리라 내가 너희를 위하여 거처를 예비하러 가노니 가서 너희를 위하여 거처를 예비하면 내가 다시 와서 너희를 내게로 영접하여 나 있는 곳에 너희도 있게 하리라 내가 어디로 가는지 그 길을 너희가 아느니라 도마가 이르되 주여 주께서 어디로 가시는지 우리가 알지 못하거늘 그 길을 어찌 알겠사옵나이까 예수께서 이르시되 내가 곧 길이요 진리요 생명이니 나로 말미암지 않고는 아버지께로 올 자가 없느니라 너희가 나를 알았더라면 내 아버지도 알았으리로다 이제부터는 너희가 그를 알았고 또 보았느니라 빌립이 이르되 주여 아버지를 우리에게 보여 주옵소서 그리하면 족하겠나이다 (14:1~8)

상자 속에서 나오라

174

내가 아직 너희와 함께 있어서 이 말을 너희에게 하였거니와 보혜사 곧 아버지께서 내 이름으로 보내실 성령 그가 너희에게 모든 것을 가르치고 내가 너희에게 말한 모든 것을 생각나게 하리라(14:25, 26)

여행 가이드 곧 '파라클레테'(보혜사)는 늘 당신과 함께 있을 것이다. 호텔과 '쉴 수 있는 곳'은 모든 불안을 최소한 줄이기 위해 사전에 이미 예약되었다. 당신이 방문하고자 하는 나라는 위험이 따를 수도 있다. 하지만 예수님이 '길이요 진리요 생명'이신 이상, 앞서 가시면서 이 여행을 준비하고 계신다. 이 말씀은 기독교 구원의 패키지를 요약하는 것으로 사용되었다. 여행에서 이러한 독특한 보장은 아무나 이용할 수 없는 독점 계약을 의미한다. 풍성한 삶을 제공하는 경험을 바탕으로 보장된 이 여행은 아주 멋진 하나님의 동화의 나라(wonder-land)로 여행하는 코스이다. 이 여행 패키지를 상대로 다른 어떤 여행 사업자가 끼어들어 감히 흉내를 낼 수도 없다.

여행 조건이나 계약에서 우리가 종종 경험하는 바, 작은 글씨로 명시된 계약 조건들 때문에 그 여행의 등급이 매겨지면서 여행 조건은 때에 따라 달라질 수도 있다. 기독교 신학 패키지는 늘 자기 제어 방식에 따르는 경향이 있다. 이러한 이유 때문에, 예수님은 우리가 틀에 짜인 '상자를 넘어', 때로는 그 상자를 부술 각오를 해야 한다고 말씀하신다. 빌립이나 도마, 베드로는 바로 이 일을 무서워하고 당황했다. "나는 길이요 진리요 생명이라."는 예수님의 이 선언은, 안일한 패키지 여행 보장을 의미하는 것이 아니다. 오히려 목적지를 알 수도 없고, 사전에 여행의 위험조차 파악하기도 어려운 일종의 '미스터리 투어'(A mystery tour; 행선지를 미리 알리지 않고 떠나는 여행) 표를 사는 것과도 같다. 따라서 우리는 여행을 대비하여 얼마나 준비를 해야 하고, 여행을 통해 무엇을 얻을지 전혀 모를 수도 있다. 또한 우리가 꾸리고 나선 신학 수화물(Theological luggage) 역시 여행 형편이나 행선지와 비교하면 너무 무겁거나 부적절할 수도 있다.

　어떠한 이상적인 신학 패키지라 할지라도 병원에서 마지막 날을 보내야 했던 하워드의 경우처럼 우리는 결코 완벽하게 준비할 수는 없다. 뜻밖에 다가온 하워드의 죽음은, 자신의 중보기도 능력을 믿었던 감리사뿐만 아니라, 하워드의 교회 성도들이 소유한 신학적 틀까지도 모두 해체해 놓고 말았다. 병동에서 죽음을 직면한 하워드는 마치 예전에 한 번도 다루어 보지도 못한 낯선 원자재를 끌어안고 어떻게 손을 써야 할지 모르는 형편에 처한 것과도 같았다. 그 상황 앞에서 전전긍긍하며 예전에 경험한 신학적 시스템 조각들을 모두 끌어모으는 노력을 했을 수도 있다. 하지만 현재 코앞에 닥친 위급한 상황을 놓고 예전 사례들을 반영시키면서 즉흥적인 방법으로 온갖 방안을 시도해 보는 그런 수준일 수밖에 없었다. 그것은 상자를 벗어난 마지막 여행을 대비하라는 손짓으로 받아들여야 했다. 지금까지 시도해 본 모든 시스템을 전적으로 포기하며 내려놓아야 하는 상황을 만난 셈이었다.

　부활하신 주님이 제자들에게 다가오셨다. 그때 주님은 제자들에게 이동하라고 지시하셨다. "아버지께서 나를 보내신 것처럼 나도 너희를 보낸다."(20:21) 거듭난 그리스도인들은 그들이 태어난 근본적인 가정에서부터 성령에게 인도받을 준비를 해야 한다. 그들을 보내는 일은 곧 아버지 하나님이 아들을 보내시는 그 일을 재현하는 것이다. 그 이동은 나와 친숙한 세계를 떠나 낯선 나라로 들어간다는 의미다. '선교'(Mission)라는 말은 '보낸다'(To send)는 뜻을 가진 라틴어 '미테레'(mittere)에서 비롯된 말이다. 그것은 한 장소에서 다른 장소로 옮겨 가는 운동을 의미한다. 요한복음은 '보낸다'는 말로 흠뻑 젖은 책이다. 하나님은 예수님을 보내시고, 예수님은 제자들을 보내신다(3:17; 5:36,

상자 속에서 나오라

37; 6:44, 57; 8:16, 18, 26; 10:36; 14:24; 17:18; 20:21). 그러므로 이 시대 우리의 선교는 하나님이 일하시는 그 현장에 참여하는 사건이다.

이 복음의 이동성 때문에, 예수님은 북부 갈릴리 지방과 예루살렘의 도시, 그 두 상황 속에서 때로는 앞으로 가기도 하시고 뒤로도 이동하신다. 베다니에서 시작하신 그 여정은(1:28) 갈릴리로 건너가신다(1:43). 그 후, 예루살렘을 방문하시기 이전(2:13) 가나를 들러 이동하신다(2:1). 유대 지방으로 돌아오기도 하시고(3:22), 가나를 들르기 전(4:43) 사마리아를 거쳐 이동하신다(4:4). 그 후로 우리는 예루살렘에서 그분을 만난다(5:1). 그리고 가버나움 회당을 가시는 길에 호수를 건너시는 그분을 만나기도 한다(6:59). 또한 갈릴리 바다 반대편에서 그분을 뵌다(6:1). 이 징검다리 선교 이동은 바로 예루살렘에서 그 결정적인 절정에 도달할 때까지 계속된다. 이러한 이동은 위상적(位相的) 중대성에 그 목적이 있다기보다는 오히려 신학적 의미에 있다. 이 같은 교차 여정은 여러 가지 다양한 문화적 배경 무대를 가로질러 가는 선교 여행으로 해석할 수 있다. 예수님은 단지 다른 어떤 세계에서 온 한 분이라기보다는 아버지의 고향에서 온 분이다. 이 세상을 찾아오신 그 이후, 서로 다른 이 세상의 문화적 상황을 탐험하신다. 마찬가지로, 그분은 우리 자신에게 익숙한 문화적 상자의 틀을 넘어서 살아야 한다며 우리를 부르신다. 선교 차원에서, 그러한 수평적 운동은 내게 익숙한 문화 밖에서, 혹은 가장 예상치 못한 장소에서 하나님을 만날 가능성이 있기에 이동을 부추기신다. 그럼에도 이러한 이동은 복음서 저자들을 위한 연구 대상 차원에서 매우 중요하다기보다는 수직적 운동, 즉 '다운리치'(Downreach)에 좀 더 관심이 있다.

다운리치(Downreach)

　종의 신분으로서 몸을 아래로 낮추는 '다운리치'에 눈을 돌려야 한다. 예수님은, 아버지께서 그의 권위 아래에 모든 것을 맡겨 놓으신 것을 너무나 잘 아셨다. 하지만 오히려 제자들 앞에서 그들의 발을 씻기시기 위해 무릎을 꿇고(13:1) 그들 앞에서 그의 사랑의 범위를 통째로 보여 주셨다. 이는 당신의 권력을 포기하는 모습을 보이신 셈이다. 요한복음 속에 등장하는 사람들을 지켜보면, 바로 이러한 모습이 그들의 몸에 배어 있지 않다는 것을 알아차릴 수 있다. 베드로의 경우를 살펴보자. 예수님은 당신의 겉옷을 벗으신다. 베드로 앞에서 허리를 굽히며 무릎을 꿇은 채로 그의 발을 씻으려 하시자 당황한 베드로는 이를 거절한다. 제자들을 잘 아신 예수님은 제자로서 어떻게 행동하고 살아야 하는지를 가르치시고자 베드로와 제자들 앞에서 당신 스스로 그 모범을 보여 주신다. 심지어 베드로는 해변에서 부활하신 주님을 보자(21:7) 물에 뛰어들기 전 자신의 부끄러운 모습을 감추기 위해 자신의 겉옷을 두른다. 예수님은 반복해서 그에게 도전을 주신다. "네가 나를 사랑하느냐?"

　'다운리치'란 무엇을 의미하는가? 그것은 몸을 아래로 뻗어 우리 자신과 다른 사람들의 연약함을 수용하면서 내가 가진 권력을 내던진다는 의미이다. 이러한 차원에서 전도란 유창한 언변에 있는 게 아니라 종종 '적극적인 봉사'(Outreach)에 묻어 있다. 문화적인 차원에서 생각해 보자. 제자들이 자리를 펴고 소속한 곳(교회)에 다른 외부인을 초청하기 위해서는 자신들에게 익숙한 교회 문화로부터 이동해야 한다. 이 활동은 종종 정상적으로 돌아가는 교회에 외부인을 배려하는 차원에서 무언가 하나 더 추가하는 수준으로 이해하려 한다. 하지만 교회가 외부인을 배려하는 것처럼 보일지는 몰라도, 교회 안에서 주인처럼 바쁘게 일하는 대부분 성도들은 이러한 배려에 익숙하지 않다는 사실을 알게 되면 놀랄 것이다. 주일예배에 참석하고, 하우스 그룹에 소속하며, 비즈니스 미팅에 참석하고, 커피 모닝에 참석하며, 기타 직무를 맡아 교회 일을 수행하는 것은 엄청난 시간을 소모하는 일이다. 어떻게 이렇게 바쁜 업무들을 봉사 차원의 '아웃리치'라 말할 수 있는가? 전도라는 이름으로 외부인에게 진정한 복음을 전달하고자 한다면, 솔직한 '다운리치'로서의 표현이 가능할 때 진정한 효과를 기대할 수 있다.

우리는 5장에서 말씀(로고스)이 빛과 지혜로 다가오면서 어떻게 새로운 방법으로 바라보는 시야가 열리는지 보았다. 이와 똑같이 로고스는 '말씀'으로 다가와 상자에 갇힌 틀을 넘어 '대화'(Conversation)가 가능할 수 있게 만든다. 로고스는 사람들의 모든 모임 중심에 놓여 있다. 더 나아가 로고스는 사람들 사이뿐만 아니라 동물과 식물, 창조된 모든 것들 속에서도 존재한다. 상호작용과 상호 접속을 통한 모든 '대화'(Dialogue) 속에서도 로고스는 발견된다.

'다운리치'는 어떤 특별한 회의가 필요하거나 특별한 교회 시설물을 그리 많이 요구하지 않는다. '다운리치'는 아무 데서나 언제든지 행할 수 있다. 이는 성령께 우리의 일상적인 대화를 좀 더 심오하게 인도하시도록 허락하는 일이다. 종종 우리는 수박 겉핥기식의 대화에 익숙하다. 하지만 때로는 숨은 대화의 껍질을 벗겨, '로고스'가 모든 모임의 핵심에 자리를 잡을 수 있도록 진정한 '대화'의 자리를 만들 필요가 있다. 이러한 현상은 때로는 자주 만나는 가까운 친구보다 오히려 낯선 사람과 더 진지한 대화가 가능하다는 것을 두고 하는 말과도 같다. 그 한 예로 서로 초면인 예수님과 사마리아 여인의 대화를 보자. 그들이 나눈 대화는 한 사람을 변화시키는 가장 좋은 '다운리치'의 한 모델을 보여 준다(4:4~26). 예수께서 우물가에 앉아 계신다고 상상해 보라. 한 여인이 물 항아리를 들고서 일어났다가 앉았다 하면서 결국 이 유대인 랍비에게 매료된다. 결론적으로 말해, 그곳에서 문화와 종교, 성별과 사회적 격차를 초월하는 심오한 대화가 가능했다는 것을 의미한다.

그 대화의 주제는 '물'이다. 예수님 손에는 우물을 길을 수 있는 아무런 도구도 없다. 또한 우물은 무척 깊다. 우물가에서 두 사람이 주거니 받거니 나누는 그 대화는 우물 위아래로 메아리친다. '생수'에 대한 대화에 몰입된 여인은 결국 예수님을 따라 현재 그녀가 직면한 불편한 일들, 지금 함께 사는 그녀의 동거인, 고통스러운 관계에 관한 기억, 영혼의 갈증 등 자신의 깊숙한 존재 속으로 들어간다. 여인은 주제를 바꾸면서 대화를 되돌리려고 시도한다. "종교와 교회에 관해 말씀을 나누어 보시지요." 그녀는 메시아가 오시면 모호한 이 모든 것을 밝히 드러내실 것이라 믿고 있다. 이제 그녀가 달라졌다. 동리로 들어가 예수님을 소개한다. 그녀는 예수님을 "내가 그동안 저지른 모든 과거를 꿰뚫어 보시는 분"이라고 사람들에게 소개한다. 곧 예수님을 "바로 나니라."(I AM)로 소개한다. 그것은 심오한 빛이 그녀에게 비추었다는 의미이다. 예수님은 이 여인의 경험, 곧 깊은 우물 속으로 내려가신 후 '생수'를 길어 올리셨다.

존 드레인(John Drane)은 '던블레인 대학살'(Dunblane Massacre)[70] 사건을 적절한 예화로 우리에게 소개한다. 그는 이미 살해된 아이들이 있는 학교 정문으로 접근한다. 청소년 갱단은 자신들의 호주머니에서 야간 조명등 열여섯 개를 꺼냈다. 그들 한 명당 한 아이가 총살당했

---

70) 존 드레인(John Drane)의 이야기는 다음 책에서 만날 수 있다. Michael Riddell, *Threshold of the Future*, London: SPCK, 1997, 30쪽 이하를 보라. 던블레인 대학살은 1996년 3월 13일 스코틀랜드의 던블레인 초등학교에서 일어난 학살 사건이다. 43세의 토마스 해밀턴(Thomas Hamilton)이 총 네 자루를 들고 학교로 들어가 초등학생 16명을 살해하고 자살 전 어른 한 명을 살해하였다(자료: Wikipedia). (역자 주)

다. 그들은 시신을 둥그렇게 원으로 만들어 땅에 눕혀 놓고는 거기에 불을 질렀다. 죽지 않고 상처를 입은 아이들을 놓고 그 다음 무얼 할지 망설이고 있었다. 그들은 존 드레인이 목사임을 알아채고 그를 부르고는 "당신이 무슨 말을 해야 하는지 잘 알 것입니다."라고 말했다. 장례 의식을 두고 하는 말이었다. 그의 얼굴은 눈물로 범벅이 되었다. 무슨 말을 해야 하는지, 어떻게 말해야 하는지 모른다고 말했다. 하지만 결국 어쩔 수 없이 해야 했던 그의 짧은 기도가 갱단에게 어떤 계기를 촉발시켰다.

한 사람이 말했다. "도대체 세상이 왜 이렇지?" 또 다른 누군가는 말했다. "여기에 희망이 있는가?" 다른 사람이 말했다. "하나님을 믿을 수 있다면 좋겠다." 네 번째 청년이 말했다. "내게 변화가 필요해."

드레인은 회고한다. 그들은 영적인 현존 아래로 내려가고 있었다고.

부활을 만진 도마

"나는 길이요 진리요 생명이다."라는 이 선언은 상자 속에서 나와 이동하려는 우리에게 예수님과 함께 여정을 나서자며 우리를 초청한다. 이 선언은 부활을 의심하는 도마의 불신 때문에 제기된 그 특정한 질문에 대한 응답으로 받은 선언이기도 하다. 이 선언은 일반적이라기보다는 특정한 상황에 적용하기 위해 주어진 것이다. 그리하여 도마는 '그분과 함께 죽을' 준비를 한 후, 한평생 예수님을 따르기 위해 헌신적인 노력을 한다(11:16). 도마를 다시 생각해 본다. 나는 그가 결코 따분하다거나 잘 길들여진 강아지처럼 마냥 주인을 졸졸 따라다니는 그러한 제자라고 생각하지 않는다. 그는 인식에 대한 이해가 깊고, 탐구적이며, 이해와 용기를 지닌 제자라고 생각한다. 복음서에 등장하는 많은 여성들과 '사랑하는 제자', 또는 베드로와도 같지 않은 사람으로, 복음서 저자가 염두에 둔 제자의 역할 모델로 생각된다. 예수님을 따르는 그의 결단은 희생적이며 십자가 중심이요, 큰 부담을 요구하는 길이다. 그는 말 그대로 자기 손가락으로 예수님의 고통의 흔적을 직접 만져 보고 싶었다.

우리는 보통 도마를 의심 많은 제자의 상징으로 해석하곤 하지만, 오히려 우리 주님의 영광을 면밀하게 탐구하는 해석으로 받아들일 필요가 있다. 그는 다른 사람보다 '예수님을 따르는 길'(The Way)을 더욱 더 이해하고 싶어 한 사람이었다. 그러기에 그의 입술로부터 그러한 질문이 나왔다. 또한 왜 그렇게 부활에 대한 특별한 묘사가 주어지게 되었는지 그 이유를 알 수 있다. 달리 생각해 보면, 그리스도를 믿는다는 것은 도마와 같은 제자가 된다는 것을 의미하기도 한다. 우리가 '길이요 진리요 생명이신' 이 여행의 총체적 의미를 제대로 이해하고 있다면, 우리 역시 세상의 육체적인 상처에 우리의 손길을 내밀어야 한다. 우리의 손으로 세상의 통증을 느끼고 출혈 중인 인류의 염증을 치료하는 일에 함께해야 한다. 일부 신약의 그리스도인들이 그랬던 것처럼, 일부 소수들만을 위한 대안을 선택한다면 제대로 된 선택이 아니다.[71] 고통의 십자가를 제대로 이해하는 길은, 하나님의 눈물이 지구촌 모든 백성을 치유할 수 있도록 더욱 넓은 가슴으로 십자가를 끌어안는 일이다.

다른 사람의 고통을 직접 몸으로 만져 보기 이전에는 하나님에 대

장자 속에서 나오라

---

71) 제4장 첫 부분에서, 나는 세 개의 신약성서 서신들이 요한에게 '저작권이' 돌려졌다고 설명했다. 이는 예수 그리스도의 육체적 인간성에 중요성을 두기보다는 예수 그리스도의 영성에 초점을 둔 탈퇴한 그리스도인들이 여기에 언급된 것으로 보인다.

한 진리 역시 깊이 발견할 수 없다. 도마는 십자가에서 돌아가신 예수님의 상처를 아주 사실적으로 목격했을 것 같다. 부활하신 그리스도께서 그 앞에 다가오신 후 그에게 도전을 하실 때, 그것은 신성한 실체에 관한 이 엄청난 진리를 밝히는 일이다. 요한복음은 도마가 상자 속에서 뛰쳐나와 "나의 주님, 나의 하나님"(20:28)을 고백하며 외칠 때 그 절정에 도달한다. 부활하신 예수님을 만난 도마의 눈에 비친 예수님은 이러했다. 말씀(로고스)이 예수 그리스도 안에서 그 결실을 맺고 있었다. 아버지와 아들 사이에 구분도 없어지는 것을 목격했다. 그뿐만 아니라, 영적인 것과 육체적인 현실 사이의 모든 구분까지도 철폐되는 진리를 목격한 셈이다. 동시에 예수 그리스도 안에도 정말 분명하고 완전하게 하나님이 존재하신다는 사실을 도마는 눈과 믿음으로 발견한다. 예수님은 도마의 이러한 믿음을 확증하신 것뿐만 아니라(20:29), 보지 않고 믿는 자들을 축복하시면서 그 한계를 뛰어넘어야 한다는 요청까지도 다시 새롭게 주문하신다.

전통에 따르면 도마는 인도로 여행한 후 거기서 순교했다고 전해진다. 그는 여전히 부활의 신비를 불러일으키는 '마 도마 교회'(The Mar Thoma Church)[72]의 영원한 로고스 신학과 예배의 유산을 인도 땅에 기증하였다.

공허 만지기[73]

72) 인도 남서부 커랄라(Kerala) 지역의 기독교 종파 중 하나로서 사도 도마의 선교 업적에 근거를 두었으며, 시리아 정교회 전통을 따른다.(자료: Wikipedia).(역자 주)
73) 한국어판, 「난 꼭 살아 돌아간다」로 알려진 조 심슨의 작품이다. 2003년 영국의 케빈 맥도널드 감독에 의해 영화화되었는데, 니콜라스 아론(Nicholas Aaron)과 리처드 호킹(Richard Hawking)이 출연했다.(역자 주)

나는 등산에는 문외한이지만 최근 조 심프슨(Joe Simpson)이 출간한 많은 책들에서 등산에 관련한 그리스도의 등반과 하강(The ascent and descent of Christ) 사이에 아주 유사한 메시지를 우연히 발견하였다. 구약에 나타나는 하나님의 초기 묘사 중 하나는 산과 결부되어 있는데, 실제로 '엘 샤다이'(El Shaddai)는 '산악 폭풍 이미지'로서의 하나님을 묘사한다. 알프스의 봉우리 중 하나인 '아이거'(Eiger)를 경험하게 되는 조의 이야기는 '엘 샤다이' 혹은 '바로 나니라.'의 위대한 만남과 거의 흡사한 경험으로 내게 와 닿는다.

나는 아이거를 뚫어지게 바라보았다. 저 산이 나를 어떻게 변화시킬 수 있을까? 과거의 경험은 내 중심부까지 뒤흔들었는데, 실감이 나면서도 무슨 은유적인 메시지를 품은 듯한 폭풍은 잔뜩 화난 모습으로 내게 다가온 후, 나 자신을 아주 보잘것없고 부서지기 쉬운 연약한 존재라는 평생 지울 수 없는 생각을 내게 남겼다. 얼마 후 나는 예전에 경험해 보지 못한 어떤 힘을 느꼈는데, 이는 폭풍 속에서 해를 당하지 않은 채 서 있는 동안 새로 태어난 어떤 의기양양한 자신감 같은 것이었다. 나는 그 상황 속에서 살아남았다. 두려움이 썰물처럼 빠져 나가자 눈앞에 펼쳐지는 아름다운 장관은 내 속에서 솟아오르는 경이로움으로 바뀌었다. 늘 똑같이 그 자리에 존재하는 산들은 한편 모순적이었다. 나는 그 산들의 아름다움을 기억할 수 있지만, 그때 겪은 그 두려움을 낱낱이 회상할 수는 없다.[74]

조(Joe)는 멀리 떨어져 있는 안데스 산맥 정상의 6,356미터 시울라 그란데(Siula Grande) 등정을 시도하는 덕분에 유명해졌다. 그의 책 「난 꼭 살아 돌아간다」(Touching the Void, 예지)는 영화로 나오게 되었는데,

---

74) Joe Simpson, *The Beckoning Silence*, London: Vintage, 2003, 159쪽을 보라.

위험천만한 모험을 묘사하고 있다.[75] 그는 동료 산악인 사이먼 예이츠(Simon Yates)와 함께 후방 지원도 없이 오직 불 보듯 뻔한 죽음을 감수한 채 오를 수 없는 이 산 정상을 향한 투쟁 끝에 결국 정상에 도달한다. 산에 도취한 그 황홀감은 잠깐 그들에게 허락되었다. 높은 탈수 현상 조건 때문에 눈을 녹이기 위한 필수품들인 모든 연료를 다 소모한 후 하산할 수밖에 없었다. 그들의 하산은 악몽으로 이어졌다. 조가 미끄러지면서 다리가 부러진다. 이러한 상태에서 그가 생존할 가능성은 거의 희박했다. 사이먼은 자신을 포기하지 않는다. 45.7미터 밧줄 하나에 의지한 채 6,096미터 절벽 아래로 하강한다. 줄 하나에 달랑 매달려 있는 조가 그 절벽 아래로 내려간다. 연거푸 밧줄을 풀었다 멈추었다 하면서 천 길 낭떠러지 아래로 조심스럽게 내린다. 그러자 거친 폭풍우가 불어 닥치면서 부러진 조의 다리가 얼음 절벽에 부딪힌다. 으르렁대는 조의 괴로운 비명을 그 폭풍이 삼켜 버리고 만다. 어둠이 갑자기 몰아닥치기 시작한다. 조를 구조하는 일은 실패로 돌아가고 만다. 조는 홀로 깎아지른 벼랑 가장자리에 달랑 매달려 남는다. 사이먼은 계속해서 이렇게 조를 붙들고 있을 수도 없다. 밧줄을 잡은 사이먼도 미끄러지기 시작한다. 이럴 땐 밧줄을 절단하는 길만이 사이먼 자신을 구할 수 있다. 하지만 조는 어떻게 하나. 그동안 산악인들이 이런 상황에서 결정 내리는 것을 놓고 윤리적 논쟁을 거듭해 왔다. 조를 붙들고 있자면 둘 다 죽고 마는 것은 뻔한 일이다. 하여 사이먼의 선택은 옳았다.

조가 절벽 아래로 떨어졌다. 그는 눈 사이로 떨어지면서 빙하 틈 사이 크레바스(Crevasse) 어딘가에 처박히고 말았다. 다행히 그는 살아남을 수 있었다. 어찌됐든 바닥이 안 보이는 깊은 빙하 틈 튀어나온 암

75) Joe Simpson, *Touching the Void*, London: Vintage, 1997을 보라.

벽 위에 떨어졌다. 조는 이제 홀로 남았다. 다리는 부러진 채, 물도 없고 구조 팀도 없이 철저하게 혼자다. 베이스캠프에서 32.1킬로미터 정도 떨어진 이곳에서 이제 그는 자신의 죽음을 생각할 수밖에 없는 상황을 만났다. 그는 밖으로 기어서 나갈 수도 없다. 몇 년 전에 그의 위로와 의지가 될 수 있는 하나님을 믿는 믿음조차 버린 터라 그는 지금 전적으로 혼자 남은 상태다. 그 역시 다른 많은 산악인처럼 이렇게 죽게 될 것이다. 후에 나온 그의 책, 「손짓하는 침묵」(*The Beckoning Silence*)에서 그는 그 자신의 죽음과 다른 죽음들에 관해 묵상한다. 불가능을 가름해 보기 위한 등반인들의 그 열정으로 시작된 수많은 등반 시도들, 그동안의 많은 등반인들, 죽음을 피하지 못한 채 등반 중 목숨을 내려놓았던 사례들을 모아 놓은 책이다. 이제 조에게는 단 하나의 선택만이 남아 있다. 괴로운 통증 속에서 기다리며 죽는 길을 선택하든지, 아니면 자신을 더욱 깊은 크레바스 아래 공간으로 끌고 내려가 어떤 출구가 있을지도 모르는 데에 희미한 희망을 거는 일이다. 훗날 그가 회고한다. 그때야말로 그의 전 생애 중에 가장 어려운 결단을 내려야 했던 순간이라고.

나는 조가 처했던 그러한 공허함과 그 상황을 넘어 삶의 여행을 계속해야 하는 이 괴로운 여행을 조용히 묵상한다. 의심할 여지없이 그같은 여행을 시작한다는 것 자체가 그리 쉽지 않음을 잘 안다. 그 스스로 「난 꼭 살아 돌아간다」 마지막에서 말한다. 더 깊은 크레바스 아래로 몸을 던져 떨어진 후 기어서 베이스캠프까지 가야 했던 그 끔찍했던 경험, 굳이 표현하자면 철저히 실패할 수밖에 없는 상황… 너무나 두렵고 외로운 고뇌의 날들이었다고 회고한다. 그는 말한다. "나는 간단히 이 비탄의 감정을 제대로 표현할 말을 찾을 수 없었다."

조가 경험했던 모험은 어쩌면 십자가 처형의 공허(Crucifixion void)로 한없이 떨어진 예수 그리스도의 처지와도 같다고 할까. 요한복음에서 만날 수 있는 '영광의 찬양'과 '승천하심'으로 이어지는 수많은 낯선 언어들을 반영하는 것처럼 보인다. 여기서 우리는 패키지여행 혹은 순례여행을 넘어 다른 색다른 여행을 한다. 왜 우리는 그러한 공허함을 만지는 모험을 시작해야 하는가? 무엇이 우리를 그런 여행을 하라며 충동질하는가? 조는 진리와 생명에 이르는 기독교 여정의 깊은 통찰력을 제공하는 것처럼 보인다.

나는 인생이 지나는 동안 세상의 영적인 감각을 알아채고 받아들이려 한다. 그것은 내가 경험하고, 느끼고, 보고, 또한 때로는 설명할 수조차 없는 너무나 압도적인 그 모든 것들의 결합을 의미한다. 그것은 나와 함께 머물면서 떠나기를 거부하는 것들이다. 결코 확실하지 않으나 여전히 나를 계속해서 이끌고 가는 것들이다. 그것은 뚜렷하게 규정되지 않으면서도 오히려 꼭 가 보고 싶은 어떤 매혹적인 장소라고 말할 수도 있다. 그것은 무어라 꼬집어 말할 수 없다. 모습이 존재하지 않으면서도 단순히 존재해야만 하는 그 무엇이다. 아마 그것은 내가 산을 사랑하는 그 이유와도 같을 것이다. 그 산들은 나를 허락하였다. 하지만 잠깐뿐이었다. 그러고는 그 산을 벗어나기 위해, 더는 질문도 필요 없이 오로지 행동만이 유일한 길이었다. 나는 한때 산악인이었던 사람의 말을 생각한다. "… 산악인의 삶이란 죽음에 대한 자기소개인 이상, 어떠한 어려움과 온 힘을 기울인 노력도 때로는 아무 소용이 없다. 더 나아가 죽음에 도달하거나 혹은 죽음이 다가오는 것을 느끼는 상황 가운데서도 산악인은 어느 정도 만족한다."[76]

'길이요 진리요 생명'이 되어야 할 그리스도인들은 '위대한 자존자'(自存者; The great I AM)로부터 발산되는 똑같은 손짓과 침묵에 이끌림을 받는다. 그리고 그는 그들과 함께 머문다. 결코 그들을 버려두거나

---

76) Simpson, *Beckoning*, 114~115쪽을 보라.

떠나지 않는다. 때로는 그들을 매혹하기도 한다. 그는 살아 있고 사랑스러운 현실이다. 그는 조가 묘사하는 그 이상으로 더 멀리 나아간다. '위대한 자존자'와 그를 따르는 이들 모두, 가야 할 곳은 같다. 거기에 '풍성한 생명'의 원천이 있기에 가는 길 역시 같다.

질문

1. 여러분은 자신의 신학 및 문화 상자를 넘어 얼마나 멀리 여행하고 있는가? 이러한 여행에서 당신은 무엇을 발견했는가?

2. 여러분이 더 깊이 나아갈 수 있는데도 불구하고 나아가지 못한 채 실패한 경험이 있는가? 있다면 가장 최근의 경험을 나눠 보라. 어느 특정한 사람의 이름을 언급할 필요 없이 그와 함께 나눈 대화를 재평가해 보라. 그러한 상황이 달라질 수도 있었다면, 어떻게 달라질 수 있었을까? 무엇이 더 깊이 아래로 내려가는 중요한 행동인 '다운리치'를 막았는지 생각해 보라.

3. 세상이 폭발하여 산산조각이 나고, 당신 역시 엄청난 충격과 완전히 파멸을 느낀 사건을 만났다고 가정해 보라. 이런 상황 속에서 하나님에 관해 어떠한 진리를 발견할 수 있을지 생각해 보라.

기도

모든 생명의 주님,
나는 매일 수천 개의 단어를 사용하며 살고 있습니다.
하지만 그 많은 단어 중 단지 어느 정도만 당신에 관한 언어들입니다.

나는 많은 사람을 보고 만나며 살고 있습니다.
하지만 난 그들 가운데서 당신을 만날 수 있다는 사실을 잊고 살고 있습니다.
나 자신이 너무 바쁘고 너무 많은 일거리에 빠져 사는 동안
내 안의 침묵을 비워 버린 채 살고 있습니다.

용서하옵소서.
당신께서 손짓하시는 침묵의 음악에 귀 기울일 수 있도록
내 인생을 다시 조정할 수 있도록 도우소서.
아멘.

9장

은혜와 진리

Grace
and
truth

당신은 하나님께 열려 있으면서 그분과 함께 계속 이동해야 한다. 상자 너머 풍요로운 삶이 당신을 기다리고 있다.

이전 장에서 언급한 바처럼 여행 짐을 다시 풀기도 하고 꾸리기도 하면서 나의 여행은 계속되고 있다. 나는 스리랑카에 도착한 후 채 한 달이 되기도 전에 거의 모든 소지품들을 폐기하기도 하였다. 하지만 지금은 다시 사정이 달라져서 마치 부(富)의 신(神) 맘몬(Mammon) 수중에 들어가기라도 한 듯 (또 다시 온갖 소지품들을 챙기고 있는) 나 자신을 상기시킬 필요가 있다. 나는 남부 칸디(Kandy)에서 버툴라(Buttula)로 여행하기 위해 말라리아 예방약, 정수제, 연필, 칼, 노트, 비누, 스펀지, 칫솔, 손전등, 갈아입을 속옷들, 약간의 돈과 여권, 옷가지들을 가방에 챙긴 채 서 있었다. 위험을 자청하면서도, 은혜와 진리가 충만하신 하나님이 내가 가는 여정에도 동행하시리라 믿고 그분께 의지하는 법을 배우고 있었다. 새로운 삶이 상자 너머 다른 곳에서 우리를 반기고 있다는 것을 배웠다.

풍성한 삶

도둑이 오는 것은 도둑질하고 죽이고 멸망시키려는 것뿐이요 내가 온 것은 양으로 생명을 얻게 하고 더 풍성히 얻게 하려는 것이라 나는 선한 목자라 선한 목자는 양들을 위하여 목숨을 버리거니와(10:10, 11)

진리는 하나님의 풍성한 삶에 참여하도록 초청하시는 그분의 관대함 속에서 발견된다. 은혜와 진리는 함께한다(1:14). 요한복음에서 우리는 은혜에서 은혜로 계속 이동하기 위해 초대받고 있다. "우리가 다 그의 충만한 데서 받으니 은혜 위에 은혜"(1:16)로 믿는 이상, 우리 주 예수 그리스도의 삼위일체 하나님과 아버지 사이에는 인색함이란 있을 수 없다. 충분히 '사랑받은 제자'였을 수도 있는 나다나엘은 예수님이 보여 주신 계시의 경이로움 안에서 영광스러운 햇볕을 쬐고 있다. 하지만 그 신비하고 경이로운 만남은 이제 막 시작하는 '출발점'에 불과할 뿐이라는 통보를 받는다. 구약시대의 야곱과 마찬가지로(창 28:10~22), 당시 그들이 측량할 수 없는 사랑의 높이와 깊이를 측정해 본 것처럼, 앞으로 나다나엘은 천사가 오르락내리락하는 광경을 볼 것이다.(1:50, 51)

나다나엘의 고향 마을을 찾으신 예수님은 물을 포도주로 바꾸어 놓으셨다. 더 나아가 좀 더 자세하게 따져 보자면, 당시 예수님은 그곳에서 454.2리터에 해당하는 최고의 포도주 상품을 생산해 내셨다. 잔치에 모인 손님들이 그 포도주를 마시다가 포도주에 둥둥 떠다닐 정도로 그 양은 충분하였다. 하여 잔칫집 손님들은 포도주처럼 풍성한 웃음과 삶을 함께 나눌 수 있는 기적의 날이었다. 매일매일 충분한 양을 측정하여 일용할 양식으로 배급받았던 모세의 만나와는 달리, 예수님이 베푸신 빵과 물고기는 초유의 풍요로움이 흘러넘치는 은혜의 잔치였다. 심지어 수천 명의 군중이 배부르게 먹고도 남아 모두 소비시킬 수 없을 정도에 이르자 결국 커다란 바구니로 풍성한 여분을 다시 모아야 했다. 요한복음 21장의 마지막 기적 역시 고기로 가득 차서 터질 듯이 배가 불룩한 그물을 제자들이 제대로 끌어 올릴 수조차 없는 지경에 놓이기도 했다. 예수님이 약속하시는 기도 역시 상자를 넘어 나아가 맛볼 수 있는 넘치는 풍성함을 시사한다.

내가 진실로 진실로 너희에게 이르노니 나를 믿는 자는 내가 하는 일을 그도 할 것이요 또한 그보다 큰 일도 하리니 이는 내가 아버지께로 감이라 너희가 내 이름으로 무엇을 구하든지 내가 행하리니 이는 아버지로 하여금 아들로 말미암아 영광을 받으시게 하려 함이라(14:12, 13)

이 같은 풍성한 약속을 제대로 이해하자면, 어쩌면 너무 엄청나 파악하기조차 어려울 지경이다. 특히 남성들은 더욱 그렇다. 남성들과는 달리 여성들은 직관적으로 은혜란 계산하거나 통제하는 식으로 측정할 수 없음을 잘 안다. 그 한 예를 보자. 마치 손 큰 여성의 대명사라도 된 양, 마리아는 그녀의 값진 선물을 예수님을 위해 아름답게 씀으로써 상호 간의 계산이 필요 없는 은혜로운 몸짓을 보인다. 하여 온 집안 구석구석이 이 사랑의 향기로 가득하다. 그녀는 8장 1절부터 11절에서 언급된 바, 모세의 율법이란 예수 그리스도의 은혜와 진리로 대체되어야 한다고 믿었던 바로 그 신비로운 여인과 같은 인물인가? 생명에 관한 진리는 우리의 신학과 교회가 짜 놓은 그 상자의 틀을 초월하는 것이다. 하나님은 단순한 생명이 아닌 부활 생명의 하나님이시다. 하나님께로부터 나오는 은혜와 진리는 우리가 억누를 수 있는 것이 아니다. 우리가 '위대한 자존자'(The I AM of God) 예수 그리스도를 제아무리 신학적으로 잘 묘사한다고 할지라도, 그분은 그러한 신학적인 새장에서 뛰쳐나가신다.

이 책 시작 부분에서 이미 언급한 바와 같이, 마가복음은 세례 요한과 함께 시작한다. 마태는 아브라함과 더불어 시작한다. 누가는 아담과 더불어 시작한다. 그러나 요한은 영원한 우주의 말씀, 그 까마득한 이전으로 더욱 더 거슬러 올라가 시작한다. 요한복음의 저자들은 상자를 넘어 아버지의 가슴 바로 그곳, 아버지의 숨소리를 들을 수 있는 바로 그 가까이로 우리를 인도한다. 그들이 '길이요 진리요 생명'이라는 선언을 우리에게 전할 때, 그들은 우리가 배워서 아는 안일한 신학적 구조물을 말하는 게 결코 아니다. 더 나아가, 우리를 향해 손짓하시고, 우리를 데리고 가시는 살아 계신 하나님을 직접 만나게 한다. 그리하여 하나님께서 발전시키시고 펼치시는 신비를 우리 손으로 만질 수 있도록 안내한다. 그런데 안타깝게도, 이렇게 측량할 수조차 없는 하나님의 은혜와 진리를 종종 교리와 신조의 틀로 묶어 인식하려 애쓰기도 한다. 성령은 교회 안에서 길들여져 왔다. 희생적인 제자는 교회의 일원으로 취급되었고, 복음은 지나치게 단순화되었고, 예배는 형식화되었으며, 하나님의 말씀은 관념으로 축소되어 왔다. 로고스는 지혜이자 대화일 뿐만 아니라 하나님의 행위이기도 하다. 그리스도의 제자들을 위해 무언가 제정되어야 한다.

> 내 이름으로 무엇이든지 내게 구하면 내가 행하리라 너희가 나를 사랑하면 나의 계명을 지키리라 … 나의 계명을 지키는 자라야 나를 사랑하는 자니 나를 사랑하는 자는 내 아버지께 사랑을 받을 것이요 나도 그를 사랑하여 그에게 나를 나타내리라(14:14, 15, 21)

자신을 넘어라!

제3장에서 '거듭난' 나의 개인적인 영적 경험을 소개한 적이 있다. 뒤늦게 그 사건을 되돌아보니, 천막 전도 집회에서 결심하기 이전이나 이후나 하나님의 은혜는 확실히 임하고 계셨다는 또 하나의 중대한 사건을 알겠다. 몇 년 전, 나는 하나님이 어떻게 성만찬식 가운데서 당신을 계시하시는지, 또한 그렇게 함으로써 그분을 향한 나의 영

적 굶주림을 고무시켜주시는지 증언할 수 있었다. 나의 십대 후기, 어떻게 하나님이 나를 부르시고 또 목사가 되었는지 나는 말할 수 있었다. 그런 후 나는, 그분이 어떻게 내게 성령세례를 허락하셨는지 내 삶 속에 확신으로 다가왔다. 천막 집회 경험 이후 그 순간부터 그리스도께 나 자신을 열어 놓기로 결정하자 내 삶 속에서 잔잔한 평화로움과 따뜻함을 느낄 수 있었다. 말로 표현하기 어려운 그 신령하고 얼얼한 느낌은 내 안에서 몇 개월 동안 계속되었다.

그 후로 회심한 내 친구들은 나와 함께 기뻐했으며, 나는 그들의 빛나는 성원에 흠뻑 젖었다. 한 주일학교 교사는 반신반의하고 있는 나의 부모님을 찾아 안심시켰다. "톰(Tom)은 잘해 낼 것입니다." 말 그대로 지난날 나는 잘해 냈다. 하지만 우리 중 그 누구도 예상할 수 없는, 내게 있어 유일한 방식으로 말이다. 내가 어릴 때 입었던 옷을 벗어 던지며 내가 자랐던 것처럼, 나는 그와 비슷한 방식으로 틀에 짜인 패키지를 벗어나면서 성장했다. 내가 믿는 기독교를 단순히 한 기관에 가입한 후 원하는 상품을 챙기는, 그렇게 단순한 거래의 비즈니스로 생각하지 않는다. 오히려 때로는 언덕 위로 올라가기도 하고, 계곡 아래로 내려가기도 하며, 결국 보이지 않는 목적지까지 도달하기까지 열린 길을 따라 발길을 내딛는 것이라고 믿는다. 지난날 나의 하나님은 은혜와 진리의 의미를 발견하라고 나를 인도하셨다.

천막 전도 집회 경험 이후 32년이 흘렀다. 그동안 '그 길'(The way)을 따르기 위한 나의 힘든 여정은 제자가 되는 더욱 중대한 훈련과정 무대로 들어서기도 했다. 나는 문화가 전혀 다른 사람들이 사는 지구촌의 한 작은 기독교 공동체를 방문하고자 마음먹었다. 그 목적지는 그리스도인들에게 위험한 불교 중심지로 알려진 스리랑카의 칸디(Kandy)에서 버틀라(Buttula)로 여행하는 길이다. 그 여정은 두려움과 놀라움, 좌절의 롤러코스터를 타는 경험이었다. 24시간 동안이나 계속된 여행 끝에 흥분과 피로감, 혼란스러움을 느꼈다. 작열하며 이글 거리는 들판 길을 지나는 나의 발걸음은 휘청거릴 정도였다. 도중에 나 자신에게 묻기도 했다. "내가 지금껏 이곳을 찾기 위해 그 멀리 영 국에서부터 이 발길을 옮겼단 말인가?" 그리고 길가에서 그리 멀지 않 은 곳에 나뭇잎으로 얼키설키 지어 놓은 한 오두막집 촌락에 도착했 다. 나는 거기서 마이클 신부(Father Michael)[77]와 살바토리안(Salvatori-an)[78] 수녀 둘을 만날 수 있었다. 찌는 대낮과는 달리 훨씬 시원한 은 혜로 다가오는 저녁 무렵, 베네딕트 수녀(Sister Benedict)가 그 촌락 주 변으로 나를 안내했다. 우리는 그 지역 십대 청소년 그룹이 인도하는 어딘가를 따라나섰다. 그들 대부분은 우리의 일거수일투족을 감시하 고 살펴본 후 구경삼아 따르기도 하다가 도중하차하기도 했다. 그들 에게는 돈도 없었고, 그런 형편에 미래를 생각하는 것조차 사치스러 운 일이었다. 그런데 놀라운 것은, 이런 외지에서조차 청소년 비행에 빠지는 것 역시 흔한 일이었다. 많은 십대들이 스리랑카의 소년 병사 로 자원하여 잔인한 테러단에 합류하기도 한다는 것이었다.

태양이 급속히 가라앉는다. 서늘한 저녁은 타는 불길처럼 이글대던 대 낮의 열기에 비해 한결 은혜로운 축도와도 같다. 한때 이 지역은 콸콸대 며 흐르는 일곱 물길 시내가 있었다. 이 지역 숲과 농토를 기름지게 만들 고 힘찬 소리로 흘러가던 그 물길은 소작농들의 젖줄과 생명을 제공하였 다. 게다가 온갖 다양한 야생 식물들과 곤충들 및 동물들로 풍성하게 어 우러진 활기찬 정글이었다고 베네딕트 수녀는 설명한다. 그런데 독립 이 후 새로운 식민지 개척자들이 들어와 도착하면서 전국을 종횡무진으로

---

77) 마이클 신부(Father Michael)의 신학과 생애 및 죽음에 관해서는 나의 책 「머나먼 나라로」에서 더 자세히 만날 수 있다. 61~68, 148~150쪽을 보라.
78) 살바토리안(Salvatorians)은 평신도 살바토리안(The Lay Salvatorians), 신성한 수녀회(The Society of the Divine Saviour; 라틴 명칭: Societas Divini Salvatoris) 신부와 종교 형제들, 신학생들로 구성된 로마 천주교 종교 기관이다.(자료; Wikipedia).(역자 주)

활동하기 시작했다. 개발이라는 이름으로 국가기업과 손을 잡고 숲을 짓밟으면서 거대한 국토 발자취를 징벌해 갔다. 그들의 체계적인 환경 파괴는 수세기 동안 의존하고 보존해 온 특유의 새들과 벌집, 세 갈래 뿔을 가진 큰 사슴 삼바(Sambar) 서식지들을 강도질했다. 이러한 사막화의 결과는 결국 강우량을 감소시켰다. 그나마 남아 있는 물길은 설탕 사업 명목으로 끌어가고 있다.

사람들의 욕망에 징용당한 자연이 추한 모습을 드러내는 동안, 그나마 은혜와 진리는 여기서도 발견된다. 가난한 불교 주민이 정중히 나를 맞이하고 사랑으로 베네딕트 수녀를 환영한다. 현지 젊은이 중 하나가 자전거에 나를 태워 주고 싶다고 한다. 그가 좋아하는 일인 만큼 나는 강요당한 채 함께 자전거에 오른다. 한 남자아이가 크로스바에 앉고 다른 아이는 자전거 뒤쪽에 매달려있다. 자전거 하나에 어른과 아이들이 주렁주렁 매달린 이 우스꽝스러운 광경은 구경나온 사람들에게 특별한 웃음거리를 선사한다. 모두 함께 웃으며 한동안 그렇게 달리다가 결국 우리는 모두 자전거째로 넘어지고 만다. 그들은 나의 큰 키에 놀라 계속해서 나를 만진다. 어린아이들은 내 주변에 몰려와 내가 그들을 번쩍 높이 들어 올려 끌어안아 주기를 기다린다. 심지어 개들조차 내 발목에 바른 모기방지제를 핥으면서 즐기고 있다. 긴긴 여행길에 지쳐 있었는데도 나는 피곤함조차 잊고 있다. 어둠이 내려앉는다. 두 젊은이가 나를 데리고 어디론가 간다. 그들 친구를 만나게 해 준다고 한다. 그는 가족들로부터 헤어진 채 마을에서 먼 외딴 곳에 홀로 오두막을 지어 살고 있다. 찬드라사리(Chandrasare)를 만나러 가는 길에 우리는 정글을 지난다. 어둠이 짙어 가는 이런 마을에 백인 영국인 혼자 달랑 두 젊은이를 따르는 이 길, 위험스럽기도 한 일이다. 하지만 이 외딴 곳에도 이방인을 반기는 환대가 있다. 솔직히 나는 이 방문이 불편하다. 하지만 이들의 환대를 거절할 수는 없다.

우리는 작은 진흙 오두막집 바닥에 앉는다. 둘러보니 아무런 가구도 없다. 오직 큰 깡통 하나가 내 눈에 띈다. 개어 있는 담요 한 장, 건전지도 없이 오랫동안 잠자는 듯한 트랜지스터라디오 한 대가 그의 전 재산임을 쉽게 알 수 있다. 이 시간 바깥은 칠흑 같은 어둠이 무겁게 자리를 잡았다. 예전에 들어본 적도 없는 각양각색의 소리가 오두막 집 밖 숲으로부터 들려온다. 쉴 새 없이 짖어 대는 강아지 소리와 어울려 어둔 밤을 무대 삼아 연주한다. 우리 셋이 딱딱한 바닥에 앉아있는 동안 찬드라사리는 숯 화덕에서 쌀로 밥을 짓고 생선을 굽고 있다. 기름 램프의 매운 연기가 오두막 집 공간을 가득 채운다. 적어도 그 불편한 냄새는 모기들을 멀리 몰아내는 데 한몫을 한다. 밤이라지만 무척 덥다. 통풍도 되지 않아 땀이 흐른다. 이 오두막집이 이들에겐 익숙할지 몰라도 내게는 너무나 답답하다. 밥이 다 되었다. 하지만 이 오두막에는 오직 접시 한 개만 있다. 내가 그 접시로 음식을 먹는 동안 찬드라사리와 피야틸리카 (Piyatilika)는 나를 뚫어지게 쳐다만 보고 있다. 그들 얼굴에 자부심이 흐르고 있다. 우리는 서로 자기 언어로 말할 수 없다. 피야틸리카가 유일하게 아는 영어 단어는 '행복'(Happy)이란 말뿐이다. 피야틸리카는 그가 유일하게 아는 그 단어를 몇 번씩이나 사용하며 애써 나에게 질문한다. 나는 이상한 아시아 스타일로 머리를 흔들며 '예'라고 대답한다. 그러면 그들은 매번 미소를 지으며 답한다. 내가 그들에게 무엇이라도 물어볼라치면 그들은 더욱 더 열정적으로 머리를 끄덕이며 답한다. 우리 셋은 그 딱딱한 진흙 바닥에서 잠을 청한다. 하지만 불편하고 낯선 이런 환경에서 어찌 쉽게 잠을 잘 수 있을까. 나는 잠을 자는 시간보다 짚 지붕 사이 공간으로 수줍은 듯 얼굴을 내민 별들을 바라보느라 더 많은 시간을 보낸다. 하지만 신기한 일은, 이 밤 여기서 느낀 하나님의 임재는 매우 뚜렷하여 마치 손에 만져질 듯 다가온다. 지금껏 살면서 느껴 온 그 어느 것보다 훨씬 더 평온한 나 자신을 여기서 발견한다.79)

---

79) 내 일기의 일부분이다.

그들이 그 밤 내게 대접한 그 음식은 그들이 가진 모든 음식이었다는 것을 알게 된 것은 바로 다음 날이었다. 나를 위해 정중한 환대를 나누는 데 절실했기에 그날 저녁 그들은 아무것도 먹지 못했다. 그 밤 나는 채무를 이행하지 않아도 되는 희생으로 가득한 값진 음식을 접대 받은 것이다. 이방 땅에서, 그것도 비그리스도인 젊은이들 덕분에, 나는 풍성한 은혜를 우연히 발견하였다. 겨우 몇 마디 말로 표현된 '로고스'는 우리 인간에게 있어 얼마나 큰 환대로 비교할 수 있을까. 그날 그 젊은이들이 내게 베푼 그 가난한 음식 안에 로고스가 육신이 되는 은혜를 맛본 것이다. 내 집을 떠나 멀고 먼 광야에서 먹거리 환대를 받았다. 예수님이 광야에서 어떻게 빵과 물고기를 그 많은 사람에게 기적으로 요리하여 먹이셨는지 이제는 조금 알 것 같다.(6:26)

가장 머나먼 해변

이렇게 하나님은 우리의 여정 가운데서 우리가 기대하고 이해하는 범위를 훨씬 뛰어넘어서 은혜와 진리로 계속 안내해 주신다. 예수님이 나다나엘을 만나자마자 처음부터 말씀하셨다. "너는 더 큰 일을 보게 될 것이다."(1:50) 나다나엘은 그러했다. 우리 역시 그분과 함께 길을 나선 이상 그럴 것이다.

복음서의 마지막 장에서 등장하는 장면이다. 베드로와 나다나엘, 다른 몇몇 제자들이 그들의 옛 생업인 고기잡이로 돌아간다. 여기에 복합적인 메시지가 있다. 부활하신 예수님은 베드로에게 반복해서 도전을 주신다. "네가 이것들보다 나를 더 사랑하느냐?" 이 질문은 베드로가 여전히 자신의 고기잡이배에 미련을 버리지 못한 채 붙잡혀 있다는 것을 의미한다(21:15~17). 또한 그가 예수님과 함께 죽겠다고 약속한 지 얼마 되지도 않아 예수님을 부인하고 말았던 그 깨어진 약속을 상기시키는 것이기도 하다. 마찬가지로 이 이야기는 베드로가 처음 당부받았던 것처럼 '사람을 낚는 어부'가 되기 위해 애쓰며 선교과제를 이행하는 제자들에 대한 우화가 될 것이다. 만일 그렇다면, 그것은 매우 무익한 것이었다. 훗날 그들이 선교의 기적을 일으키기 위해서라도 예수님의 부활 현존은 반드시 필요했다. 혹은 이 이야기는 갈릴리 바닷가에서 처음으로 베드로를 부르셨던 누가의 기록을 다시 언급하는 것으로도 볼 수 있다(눅 5:1~11). 그때 베드로는 예수님으로부터 아주 중대한 선교 메시지를 들었다. "그물을 깊은 물속으로 던져 고기를 잡아라." 여기에 여러 의미가 담겨 있다.

새날이 밝아 오자 해안가 시원한 바람이 부드럽게 물보라를 만들고 있다. 해안가에 한 낯선 사람이 서 있다. 아직 완전히 어둠이 가시지 않은 터라 타오르는 모닥불 덕분에 그 사람의 얼굴 모습을 짐작할 수 있다. 그는 배를 향해 손짓하며 어부들을 부른다. 귀에 익은 목소리다. 배가 육지로 다가온다. 그러자 더 가까이 오라며 그들을 부른다. 그 사람의 요청에 순종한 그들은 그동안 어둠에 가려졌던 모든 의심이 사라지는 것을 눈으로 목격한다. 쓰라린 고난을 통과하기는 하였지만, 무너지지 아니한 교회는 무한한 가능성으로 채워진다. 삶은 새로워진다. 참으로 신선한 새 출발이 시작된다. 숯불에 구워 조리된 아침식사가 그들을 기다리고 있다. 스리랑카에서 대접받은 쌀로 지은 밥과 생선이 아니라, 빵과 물고기다. 그들이 초대받은 이 은혜로운 환대에 그들이 준비한 먹거리를 추가하여 아침식사는 시작된다. 그런 다음 그는 "빵을 집어서 그들에게 주시고, 이와 같이 생선도 주셨다." (21:13, 새번역) 이른 아침 해안을 찾은 이 사람은 바로 부활하신 주님이시다.

이 해변의 아침식사는 앞으로 가야 할 긴 여정을 다짐하는 전주곡

일 뿐이다. 주님은 그들을 '가장 먼 해안'으로 데리고 가기 위해 새로운 모험을 시작하신 것이다. 제자들에게는 멀고 먼 여정이 기다린다. 베드로는 십자가 처형으로 순교할 것이다. '사랑하는 제자'는 장수를 누린 후 평화로운 종말을 맞을 것이다. "와 보라!"(1:39) "나를 따르라!"(21:19) 요한복음에서 이 두 가지 선언은 양쪽을 받쳐 주는 북엔드(Bookends)와도 같다. 그러나 생명은 책 속에 갇혀 있는 게 아니라 책 밖에 있다. 생명은 베드로의 배 안에 실려 있는 게 아니라, 배로부터 떨어진 배 밖에 있다. 풍요로운 생명은 상자 너머에 있다. 죽음 너머, 수평선 너머, '가장 먼 해안'에 자리하고 있다.

한때 중국 선교사로 일했던, 엘리엇 켄델(Elliot Kendel)은 그가 죽기 바로 전 1991년, 지난날을 돌아보며 또 앞으로 가야 할 길을 묵상하는 시를 남겼다.

그림자가 점점 커진다는 것은 휴식 시간을 의미한다.
그날의 열기와 열정이 사라졌다는 말이다.
하지만 석양은 과거와 미래를 의미한다.
또한 어둠 속에서도 여전히 희미한 빛은 남아 있다.

후회로 얼룩진 순간들을 품고 있는 지난 시간,
슬프게도 어떤 말들을 하지 않았더라면 더욱 좋았으련만,
행동으로 옮겨진 추억 중 어떤 것들 여전히 남아 있다.
그 나쁜 행위들 일어나지 않았더라면 좋았으련만
그런데도 그것들 지금 무거운 짐으로 생각되지 아니하니,
모든 결과는 드러나고 그것들 또한 용서받을 것이다.

만일 좀 더 일찍이 그 길을 알았더라면,

혹 그곳으로 데리고 가는 기회를 볼 수 없어,
그 주변에 자리 편 영광스런 세상 인연 맺는 일 실패한 것이려니.
친구들의 선하심 도달하지 못해 우린 실패하고 말았다네.
너무나 많은 것들 이루지 못한 채 어설프게 막을 내렸다네.

이제 어떻게 살아가야 하나?
다른 이들 업적과 수고를 말함 아니라
결함투성이 그 사람을 두고 말함도 아니라네.
하지만 사랑 덕분에 다시 살아갈 소망은 있다네.
더욱 더 요구되는 사랑 값없이 주어지는 타인의 선물
나 또한 사랑하는 법 이제 배웠다네.
인간의 마음속 오래 생존해야 할 그러한 보물들
또한 세상 바로 그 현장에 존재해야 할 것들이어라.[80]

예수께서 말씀하셨다. "나는 길이요 진리요 생명이다." "와 보면 알 것이다." "나를 따르라."

질문 /

1. 대부분 교회는 프로그램이나 활동, 심지어 매우 심각한 신학들도 계속 전개하려고 한다. 당신의 교회가 하지 말아야 할 것이 있다면 무엇이라고 생각하는가? 폐기처분해야 할 당신의 개인 수하물은 무엇인가?

---

80) 레니스 베일리 수녀(Sister Lenice Bailey)가 내게 준 시(詩)다.

2. 지금까지 당신의 영적 순례를 되돌아볼 때, 당신은 그리스도인으로서 어떠한 성장을 이루었다고 생각하는가? 그 여정 가운데 무엇을 배우게 되었는가? 이제 하나님과 함께 나아가기 위해 무엇을 반드시 해야 한다고 생각하는가?

3. 당신은 이 책을 통해 무엇을 배웠다고 생각하는가? 하나님과 함께 나아가기 위해 당신의 교회는 어떤 행동을 취해야 한다고 생각하는가?

기도

주 예수 그리스도시여,
당신은 길이요 진리요 생명이십니다.
우리가 당신의 길을 따를 수 있도록 허락하소서.
우리로 하여금 당신의 진리를 발견하고
모든 충만함 가운데서 당신의 생명을 경험할 수 있도록 허락하소서.
아멘.